JN411349

환상과 유토피아

환상과 유토피아

김상구 산문집

도서출판 동인

책을 펴내며

누구나 자신의 머릿속에 있는 설익은 생각을 세상사와 관련지어 드러내 놓는다는 일이 그리 내키는 일은 아닐 것이다. 나와 다른 면을 보고 다르게 생각하는 사람도 많기 때문이다. 그래서 세상을 바라보는 다양성이 인정될 때 그 사회는 건강성을 유지할 수 있다. 이런 생각으로 글을 쓰면서 혼란스런 생각을 정리하기도 하지만 염착(念着)에 불과한 것을 내 생각이라고 확신하며 그 감옥 안에 머물고 있는 자신을 발견하게 되기도 한다. 사람이 쉽게 바뀌지 않는다는 것은 이것을 자기의 소신으로 생각하고 살아가고 있기 때문이다.

처음부터 산문집으로 묶어 낼 생각으로 글을 쓴 것은 아니었지만 2011년 10월부터 지금까지 ≪홍주신문≫에 써온 글들(1부)을 중심으로 모아 놓고 보니 이런 생각을 더욱 지우기가 어렵다. 오래전에 써 놓았던 2부의 글도 지금의 생각과 크게 다르지 않았음을 발견하고 약간의 표현방법을 바꾸어 함께 실었다.

이러한 연유(緣由) 외에도 이 산문집에서 사물이나 사건에 대하여 같은 생각과 표현이 반복되고 있는데, 이것은 사유가 부박(浮薄)하고 아는 것이 넓지 못하기 때문이다. 많은 사유와 독서가 필요함을 느낀다. 여기에 있는 글을 쓰면서 자주 손길이 갔던 책들은 니체, 라캉, 베냐민, 마르크스, 지젝, 조이스, 나보코프, 모어, 마키아벨리, 최인훈 등의 책이 아니었나 생각되고 이들의 생각이 내 생각처럼 여기저기 불쑥불쑥 활보하고 다님을 느낀다. 이들의 생각이 라캉이 말하는 '상징계'를 구성하는 내 생각의 요소들이 아닐까 싶다. 이들은 때때로 격론을 벌이기도 하지만 하나의 목소리로 정리되어 나타나기도 한다.

이 책의 제목을 『환상과 유토피아』로 정한 것은 소제목으로 나오기도 해서지만, 환상은 밋밋한 현실 속에서 무언가 짜릿한 순간이 빛의 속도로 왔다가 사라지는 찰나이며, 유토피아는 이 세상 어디에도 존재하지 않는 곳이기 때문이다. 환상은 존재하는 순간 현실이며, 유토피아는 존재하는 순간 유토피아가 아니다. 환상과 유토피아를 찾아 행복감을 느껴보려는 지난(至難)한 과정이 이 책의 알파이자 오메가인지도 모르겠다. 사람은 기본적으로 "아직 이루어지지 않은 가능성을 기대하고, 희망하며 그리고 그것을 지향하는 것"이라고 블로흐가 『희망의 원리』에서 말하는 것처럼 이 세상 어디에도 없는 곳, 것을 향하는지도 모른다. 이러한 열정이 프랑스 대혁명도, 4. 19도, 신대륙의 발견도 이루어냈다.

당장 우리에게 필요하거나 유용한 것을 말해야지 그러할 개연성이 없어 보이는 것을 말해서 뭐하느냐고 말할 수 있다. 홍수가 심한 이집트 나일강가에서 발생한, 현실적으로 유용한 측량학이 산악지대가 많은 그리스로 옮겨와서는 현실적으로 무용한 유클리드 기하학이 되었고, 오늘날 미국의 나사(NASA)에서는 유클리드 기하학을 이용하여 우주여행을 하고 있다. 무용해보이지만, 없을 것 같지만, 가능해 보이지 않지만 그것을 향해 가보고 싶은 꿈과 열정이 내 환상이며 유토피아다. 그러다보니 내 생각은 설익은 것이며 심오한 철학이 담겨 있을 만큼 정교하지도 못하다. 좋은 글이 되기 위해서는 폭 넓은 사유와 독서와 적확한 수사법이 더욱 필요하다. 이를 위한 시간이 아직 나에게 남아 있음을 느끼며 더욱 용맹정진하리라 다짐한다.

신문사 마감시간에 임박해서야 글을 읽어보라는 무례함을 참아내신 조길호 교수님, 책 볼 수 있는 공간을 만들어 주기 위해 늘 조심하는 최은주(집사람), 동인출판사 이성모 사장님, 송정주 선생님에게 감사드린다. 이들의 도움이 아니었다면 출간되지 못하였거나 더욱 어쭙잖은 책이 되었을 것이다.

2015년 2월

김상구

| 차례 |

제2부

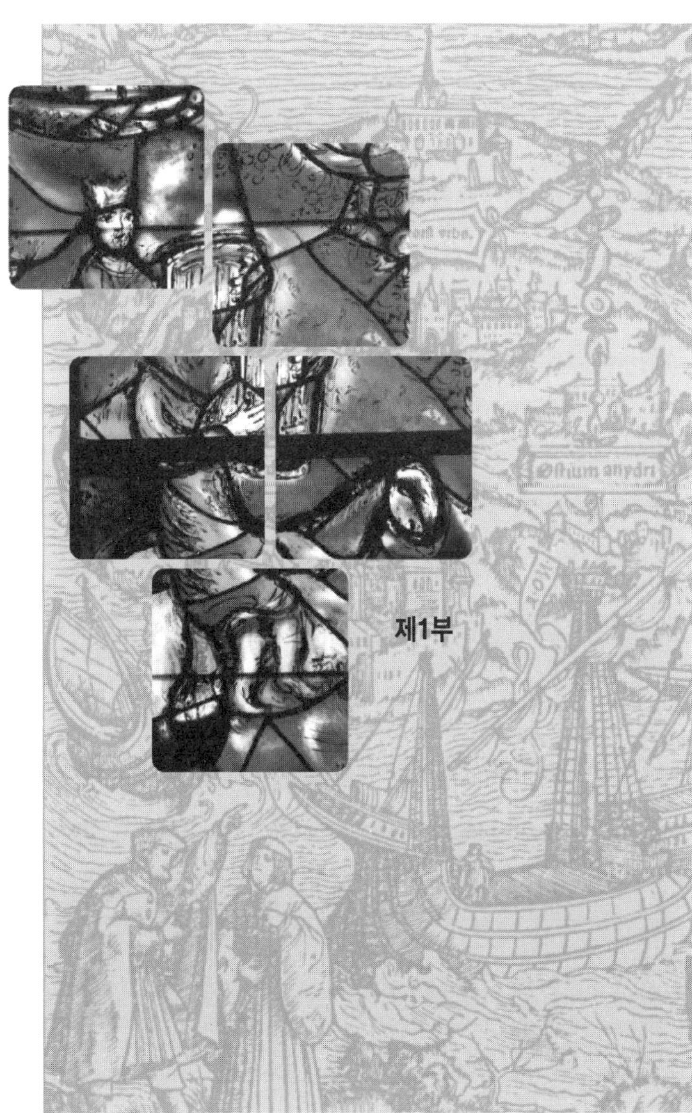

제1부

연민과 반성이 없는 사회

을미년 청양의 해가 밝은지 벌써 며칠이 지나가고 있다. 지난해와 마찬가지로 서해안 마량포구 해돋이 행사에 참가했지만 올해는 구름 때문에 솟아오르는 해를 볼 수는 없었다. 오늘 떠오르는 해와 어제의 해가 다른 것이 아니지만 사람들은 먼 길을 달려와 새해 아침에 소원을 빈다. 내일에 희망을 걸어 본다는 것은 어제와는 다른 내일을 기대하는 일일 것이고, 좋은 일들이 우리를 행복하게 할 것이라는 믿음에서다. 푸른 양은 길함을 상징한다고 하니 올해는 좋은 일이 많이 생길 것으로 기대된다. 그러나 행복할 것이라는 믿음이 현실로 다가오기 위해서는 개인적으로나 사회적으로 우리를 아프게 했던 과거의 사실들이 미래에는 반복되지 않아야 가능할 것이다.

지난해 우리는 304명의 아까운 생명을 바닷물에 잃고서도 그것을 다시 반복하지 않을 반성과 대책을 세우고 있는지 확실치 않다. 바닷물 속으로 서서히 빠져들어 가는 배의 뒷모습을 안타깝게 바라보면서 우리나라의 수뇌부는 온갖 지원과 철저한 대책을 약속했지만 그 뒤로 얼굴을 바꿔 아직 그 가족을 만나지도 않고 있다. 흘리던 눈물에 무정함과 비정함이 함께 숨어 있음을 우리가 눈치 채지 못한 것일까?

전 대한항공의 부사장이 출발하던 비행기에서 사무장을 내리도록 했던 '땅콩회항' 사건도 우리를 우울하게 했다. 소위 갑질이라는 오만함은 많은 사람들을 분노케 했고 그녀는 결국 인민재판의 결과처럼 구속되고 말았다. 회사의 종업원을 노예처럼 마구 대해도 된다는 방자함은 그녀가 이제까지 교육받고 살아온 삶의 결과물일 수 있고, 그 허접함에 대중은 자신이 당한 듯 분노했다. 이런 경박한 일들의 발생이 대한항공에만 해당하는 것일까?

우리 사회 곳곳에서 이와 유사한 갑질이 벌어지고 있음을 얼마 전 이 사건을 풍자한 코미디 프로에서 찾아볼 수 있다. 옷가게에 자장면을 늦게 배달한 배달원은 옷가게 주인으로부터 면박을 당하고, 옷가게에 옷을 사기로 한 배달원은 왜 내가 찾는 옷이 없느냐고 옷가게 주인에게 갑질을 해댄다. 받은 만큼 갑질을 되돌려주는 코미디는 우리 사회의 천박한 정서를 그대로 드러내고 있는 씁쓸한 '블랙코미디'라 할 수 있다.

왜 우리 사회는 이렇게 갑질의 오만함과 비정함으로 치닫고 있는 것일까? 갑의 위치에 올라서기 전까지는 갖은 수모를 참아내다가 갑의 위치에 올라서면 당한 만큼 돌려주려고 하는 '라면상무'의 출현이 인간스러운(?) 감정일까? 장 자크 루소는, 인간은 태어나기를 선하게 태어났으나 세상을 살아가면서 예속과 굴종의 상태에 빠져 악하게 되었다면 그 잘못은 신에게, 자연의 질서에 있는 것이 아니라 인간 자신에게 있는 것이니 인간이 태어난 자연스런 상태를 향해야(turn to nature) 한다고 말했다. 그러나 사람들에게 시간이 지나 갈수록 그 거리는 더 멀어지기만 하는 것 같다.

루소가 보기에 인간은 경쟁 없는 자연 상태에서 자기애뿐만 아니라 타인에 대한 연민을 갖고 있었지만 경쟁이 존재하는 사회 상태에서 자기애가 교활한 이기심으로 둔갑하고, 연민은 자기만 못한 사람에게는 경멸로, 자기보다 나은 사람에게는 시기심으로 변했다는 것이다. 그러니 자연 상태에 있었던 연민과 자기애와 같은 순수한 본성을 경쟁이 존재하는 사회에서 이성과 양심의 힘을 빌려 새로운 사회적 덕으로 발전시켜 나가야 한다고 설파했다.

그러나 인간은 그러기 쉽지 않다. '땅콩회항' 사건에서 보듯이 인간은 잘못에 대해 반성은커녕 오히려 복수심에 불타기도 한다. 전 대한항공 부사장 조현아의 동생 조현민은 언니 '분명히, 복수할 거야'라는 글을 남기고 있다. 이러한 인간성 마비는 부자들만의 이야기가 아니라 우리 사회 모든 구석에 두텁게 존재한다. 인간성이 마비된 인간으로 자라나는 것을 방지하기 위해서는 동정심과 연민 같은 감성적 능력이 풍부한 인간으로 우리사회가 교육해내야 한다고 루소는 『에밀』에서 말하고 있다.

아직, 우리나라의 가정교육과 대학교육은 이러한 것과는 거리가 멀다. 시청과 군청의 시민강좌 같은 실용교육이 대학의 교양과목으로 크게 자리 잡고 있다. 심지어 대학생들이 좋아하는 과목을 골라 교양과목으로 배치하는 대학도 있다. 과학과 기술이 발달한 지금 실용교육만 강조하고 사람의 품격을 높이는 고전과 인문학을 소홀히 해서는 함께 행복한 내일을 기대하기 어렵다. 타인에 대한 연민과 반성이 없는 사회에서는 '땅콩회항'같은 갑질은 언제나 반복된다. ■2015.1

햄릿형 인간과 '큐레이션 커머스'

"사느냐 죽느냐 그것이 문제로다"라는 대사로 잘 알려진 『햄릿』의 주인공 햄릿은 아버지의 원수를 갚아야 할 때가 왔는데도 불구하고 결정을 머뭇거리는 '결정장애' 증후군의 인물로 알려져 있다. 아버지의 원수를 갚아야 할 중요한 순간에 특별한 이유 없이 고민을 계속하는 부류의 인간형을 햄릿형 인간, 그 반대의 인간형을 돈키호테형이라고 러시아 작가 투르게네프는 분류한 바 있다. 에고이스트적인 기질이 강하여 그가 부정적으로 보았던 햄릿형 인간 때문에 21세기에 새로운 산업이 형성되고, 앞으로 더욱 발전될 가능성이 높다 하니 투르게네프가 다시 살아난다면 햄릿에게 취했던 자신의 의견을 취소할는지 모르겠다. 서울대 김난도 교수는, 2015년 트렌드 중의 하나는 햄릿형 소비자들의 의사결정을 지원하고 도와주는 '큐레이션 커머스'(curation commerce)가 될 것이라고 내다보고 있다.

『햄릿』이 400년 전 작품이지만 끊임없이 인구에 회자(膾炙)되는 것은 햄릿이라는 등장인물의 성격이 인간 내면의 한 '원형'

(archtype)이 되기 때문이다. 즉 머뭇거리는 인간형의 모습은 누구에게나 내면에 조금씩 상존(尙存)한다. 이것을 두고 여러 의견이 오랜 동안 상충(相冲)해 오기도 했다. 20세기 최고의 시인이라 할 수 있는 엘리엇(T.S. Eliot)은 『햄릿』을 실패작이라고 평가했다. 아버지의 원수를 갚아야 하는데 햄릿이 이유 없이 복수를 머뭇거리고 있고, 그렇게 해야 할만한 '객관적 상관물(머뭇거리는 이유가 될 만한 증거)'을 셰익스피어가 제시하지 못하고 있어서 실패작이라는 것이다. 그러나 정신분석학자 프로이트는 햄릿이 복수를 지연할 만한 이유가 햄릿의 내면에 억압되어 있었다고 설명한다. 사람은 누구나 성장하면서 '오이디푸스 콤플렉스'를 겪기 때문이다.

즉 아이가 어머니와 둘만의 끈끈한 관계를 유지하고 싶은데 방해꾼 아버지가 나타나 둘만의 관계를 갈라놓으니, 아이가 힘센 아버지의 세계로 어쩔 수 없이 쫓아가야만 했다는 것이다. 햄릿에게도 한때 이렇게 아버지를 제거하고 싶은 분노가 마음 속 어디엔가 억압되어 쌓여있었는데 삼촌 클로디우스가 대신 아버지를 죽여주어서, 잠시 복수를 머뭇거렸다고 프로이트는 설명한다. 『햄릿』을 어떻게 해석하든, '결정장애'가 있는 햄릿형 인간형이 오히려 산업의 촉진제가 되고 있다는 것은 우유부단함이 이재(理財)에 밝은 사람에게는 돈벌이의 대상이 되고 있는 셈이다.

머뭇거리는 인간형은 셰익스피어 시대보다 우리가 살고 있는 사회에 더 많다. 물건을 사든, 직장을 선택하든, 선택의 기회가 많아졌기 때문이다. 콜롬비아 대학교수인 쉬나 아엔가는 뉴욕의 대형

마트에서 실험을 했다고 한다. 한 집단에는 여섯 가지 초콜릿을 맛보게 하고, 다른 집단엔 서른 가지를 맛보게 했다. 그러고 나서 실험 참가자들의 만족도를 조사해보았더니, 서른 개 초콜릿 쪽 집단보다 여섯 개 중에서 골라먹은 사람들이 더 만족스럽다는 대답을 했다는 것이다. 이러한 실험은 잘사는 선진국 보다 남미의 몇몇 나라들, 동남아시아의 잘살지 못하는 일부 국가들에서 행복에 대한 만족도가 높게 나타는 것과 무관하지 않다. 가족을 중심으로 전통적 삶의 공동체를 살아가는 미국의 아미쉬(Amish)들이 물질적으로 풍요롭게 보이는 뉴요커들보다도 행복도가 높게 나타나는 것은 많은 선택의 기회와 행복이 정비례하지 않음을 보여준다고 할 수 있다.

우리가 살아가고 있는 현실은 너무나 많은 정보가 쏟아지고 있고, 소비자들은 어떤 것이 좋은 것이고 나쁜 것인지 분별할 수 없는 상태에 이르렀다. 그러니 SNS상에서 '도와주세요'라는 글이 이제 낯설지 않다. 이러한 틈새를 파고들어 무슨 옷을 입어야 스타일이 살아날 것이며, 자동차는 무슨 차를 사야하며, 식당은 어느 집이 맛이 좋으며, 책은 무슨 책을 읽어야 할지, '큐레이션 커머스'는 결정을 미루는 햄릿형 인간에게 필요해 보인다. 이런 도움을 받음으로써 소비자는 기회비용과 실패의 확률을 줄일 수 있다. 그래서 이러한 컨설팅이 유망한 산업으로까지 발전하리라는 전망이다. 해외에서는 무슨 옷을 어떻게 입어야 할까 하는 패션 컨설팅 산업으로 1억 유로를 돌파하고 있다고도 한다. 선택지가 많을 때, 우리는 모두 'yes'와 'no' 사이에서 머뭇거리는 '메이비 세대'(generation maybe)이기 쉽다.

미래의 유통시장은 정보의 바다에서 방황하고 있는 '햄릿형 인간', '메이비 세대'들의 욕망마저도 빼앗아 갈는지 모른다. 이제 신자유주의 아래서는 돈을 벌기 위해 타인의 욕망까지도 지배해야 하는 지경에 이르렀기 때문이다. 타인이 나의 삶을 대신해줄 수 있는 세상에 이르렀다. 그러니 잘못된 선택을 하더라도 확신에 찬 선택을 시도해 보는 것이 더 흥미로운 삶을 사는 것이 아닐까? '햄릿을 사랑하기는 어려우나, 돈키호테를 사랑하지 않을 사람은 없을 것이다'라는 투르게네프의 말이 새삼 의미 있게 들려온다.

■ 2014.12

심미적 이성을 넘어서

1990년대 초 우리 사회는 포스트모더니즘(Postmodernism)에 대한 논쟁으로 뜨거웠다. 학자들은 포스트(Post)라는 접두사의 의미를 모더니즘에 대한 연장(延長) 또는 단절(斷切)로 파악하기도 하고, 한편으로는 양쪽을 모두 포함하고 있는 개념으로 이해하기도 했다. 갑자기 서구에서 수입된 포스트모더니즘 논쟁은 철학뿐 아니라 건축, 문학, 음악, 미술 등 문화예술 전반에 걸쳐 소개되고 있어서 KBS 1에서는 90년대 초 「포스트모더니즘이란 무엇인가」라는 특집 프로그램을 내놓기도 했다. 이렇게 뜨거웠던 포스트모니즘 논쟁은 이제 우리사회의 관심에서 멀리 사라졌고, 영국의 런던 빅토리아와 앨버트 박물관에서는 포스트모더니즘에 관한 특별전시회(2011.9~2012.1)를 열기도 하였으니 포스트모더니즘이 사망하여 박물관 속으로 사라졌음을 간접적으로 입증한 셈이다. 왜 포스트모더니즘은 서구보다 우리나라에서 더 짧은 삶을 살다 마감한 것일까?

포스트모더니즘의 이름에서 알 수 있듯이 이 용어는 모더니즘으로부터 출발하고 있음을 알 수 있다. 서구에서 포스트모더니즘이 사회 다방면에 걸쳐 있어서 포스트모더니즘이란 이런 것이다라고 단정 짓기 어렵지만 2차 세계대전이 끝난 1945년부터 1990년대까지 문화 전반의 모더니즘에 대한 저항운동이라는 점에 학자들은 대개 동의한다. 모더니즘의 한계에 대한 비판과 새로운 대안, 즉 세상을 바라보는 독특한 방식으로 포스트모더니즘을 서구세계는 제시 하였지만, 우리사회는 아직 모더니즘조차 제대로 실현되지 않은 상태에 있었기 때문에 포스트모더니즘은 우리의 현실 문제라 하기에는 이른 감이 있었다. 포스트모더니즘이 우리사회 현실을 바탕으로 구축된 새로운 세상보기가 아니었기에 격한 논쟁을 일으켰지만 갑자기 우리의 관심에서 떠나고 말았다. 지금도 우리사회의 모습이 모더니즘의 한계를 드러낸 포스트모던 한 세계로 파악되지 않는다. 그러나 포스트모더니즘이 하나의 이론, 사상으로서 퇴조 하였지만 우리사회에서도 '역사적 조건으로서의 포스트모더니티'는 숙고할만한 가치가 있다고 학자들은 지적한다.

세계 전체를 하나의 통일적 관점에서 설명하려는 모더니즘의 '거대서사'(grand narratives)를 포스트모더니즘은 부정하는데서 출발한다. 세상을 획일적으로 파악하려는 보편적 사유방식을 거부하는 것이다. 역사가 발전하면 인류는 점점 더 속박으로부터 해방될 것이며, 과학과 기술은 우리가 꿈꿔온 유토피아를 실현해 줄 것이라는 믿음을 불신한다. 세상은 점점 자유롭지 않으며 빈부의 격차는 심해지고 있기 때문이다. 이러한 반성에서 포스트모더니즘은 거대서사보다는 다양한 '작은 이야기들'을 신뢰하게 되었다. 거대하고 웅장한 건축에서 탈피하여 아담하고 예쁜 집을 짓듯이 포스트모더니즘은 획일적 거대 담론 보다는 미시적이고 파편적인 권력 기제들에 관심을 보인다. 프랑스 철학자 미셸 푸코의 작업들은 그러한 예를 보여준다. 스스로 판단하고 자율적으로 행위하는 모더니즘의 자율적 주체(subject)가 아니라 주체 역시 사회적 구조에 의해 만들어진 허구에 불과하다는 것이다. 그래서 포스트모더니즘은 '주체의 죽음'을 선언한다. 우리는 홈쇼핑 상품 중에서 어느 것을 살까 고민하면서 주체적으로 살아간다고 믿지만, 실제로는 홈쇼핑의 배후에 작동하는 후기자본주의의 권력에 수동적으로 상품을 선택할 뿐이다.

포스트모더니즘이 자본주의 사회의 모순과 한계, 변화된 조건을 진단하고 분석하는데 성공하였지만 새로운 시대의 지표와 이념을 제공하지 못했을 뿐만 아니라 사회의 변화를 주도할 어떤 주체도 해체하였기 때문에 정치적으로 실패하였다. 포스트모더니즘의 다원주의는 현대인들에게 사적인 자유만을 보장하고 공적으로는 저항의 주체를 해체함으로써 기존의 질서를 지속시키는 역설적 결과를 초래했다. '거대한 힘'에 대한 저항을 감각적으로 느끼고 이해하고 가볍게 예능화하는 심미적(aesthetic) 이성 취향의 포스트모더니즘은 모더니즘을 변화시키려 했던 전복(顚覆)의 힘을 상실하고 하나의 지적 유령(知的 幽靈)으로 전락하고 말았다.

자본주의를 타파하려는 공산주의가 그 전복의 힘을 잃었을 때 유령으로 전락하고 말았듯이 작은 조직이나 커다란 국가도 그 조직의 근본적 병폐를 드러내는 사건(events, 세월호와 같은 사건. 알랭 바디우는 이러한 사건과 단순한 사고를 구분하고 있다)을 예능적, 심미적으로만 바라볼 뿐 그에 대한 행동화, 부조리의 전복과 대안이 뒤따르지 않는다면 그 조직의 미래는 밝다고 할 수 없다.

■ 2014.11

엉겅퀴와 유니콘

지난 9월 18일 스코틀랜드인(scottish)들은 영국(연합왕국, The United Kingdom of Great Britain and Northern Ireland)으로부터 '홀로서기'를 할 것인가에 대한 국민투표에서 독립반대 55.4%, 독립찬성 44.6%를 선택하여 영국에 남아 있기로 결정했지만, 그 여진(餘震)이 사그라지지 않고 있다. 스코틀랜드가 영국을 구성하는 주요한 부분이면서도 여기에서 분리하고자 하는 또 다른 이유는 덩치가 큰 잉글랜드로부터 늘 무시당하고 있다는 느낌을 지녀 왔기 때문이다. 이런 감정 때문에 아일랜드도 영국으로부터 700여년을 지배당해 오다가 1921년 독립을 성취했다.

스코틀랜드인(scottish)들은 토끼처럼 생긴 영국의 머리 부분에 주로 살아온 사람들로 종족은 켈트족(Celts)에 속한다. 이들은 영국에 뒤늦게 상륙한 앵글로 색슨족(Anglo-saxon)과 전쟁을 해야 했고, 1707년에는 잉글랜드와 합병되어 오늘의 영국에 포함된 슬픈 역사가 있다. '잉글랜드+스코틀랜드+웨일즈+북아일랜드'로 구성된 영국에서 하나씩 떨어져 나가 버린다면, 초라한 영국은 '아, 옛날의 대영제국이여!'를 외칠 지도 모른다.

영국에서 사용되는 왕실 문장

스코틀랜드에서 사용되는 왕실 문장

이러한 운명이 예측되어서인지 영국의 왕실문장(紋章, Royal coat of arms)에는 연방 분리에 대한 영국의 불안감이 배어 있다. 버킹검 궁전 문에 달려 있는 문장의 왼쪽에는 왕관을 쓴 황금빛 사자가 서 있고, 오른쪽에는 뿔 달린 유니콘(말처럼 생긴 상상 속의 동물)이 목에 쇠사슬을 걸치고 있다. 황금사자는 잉글랜드를 상징하며, 거칠고 다루기 힘든 유니콘은 스코틀랜드를 상징한다. 그래서 유니콘의 목에 굵은 쇠사슬이 운명처럼 바닥까지 드리워져 있는지도 모르겠다. 사자와 유니콘의 발밑에는 장미(영국)와 세 잎 크로버(아일랜드), 그리고 엉겅퀴(스코틀랜드)가 동일한 넝쿨에 매달려 있다. 문장의 아래 띠에는 '하나님 그리고 나의 권리'라는 의미의 라틴어가 새겨져 있는데, 왕의 권리는 하나님이 주신 것이라는 왕권신수설과 무관하지 않다. 그러나 이 왕실문장이 스코틀랜드에서는 변형되어 다른 모습으로 나타난다. 문장의 맨 아래 쪽에는 엉겅퀴 꽃만 그려져 있고, '나를 욕되게 하는 자는 반드시 그 대가를 치르게 되리라'라는 뜻의 라틴어가 새겨져 있는데, 이 글귀는 스코틀랜드 수도 에든버러 성 정문에서도 방문객들의 발길을 붙든다. 장미 가시처럼 엉겅퀴 가시도 찌를 수 있음을 암시한 말일까?

엉겅퀴의 표독스러움이 이 문구에 묻어난다. 먼 옛날 바이킹들은 스코트랜드를 침략하여 약탈하는 일이 비일비재했다. 스코틀랜드에 몰래 상륙하던 바이킹들이 엉겅퀴에 찔려 비명을 지르는 바람에 발각되어 스코틀랜드는 이들을 물리칠 수 있었다고 한다. 이 때문에 엉겅퀴는 스코틀랜드의 국화가 되었고 영국왕실 문장에도 등장하게 되었다는 설이 있다. 나라를 구하는데 일조하였으니 귀한 대접을 받을 만하다. 18일 국민투표가 끝난 직후 영국 여류 계관시인 더피(Carol Ann Duffy)도 영국 일간지 ≪가디언≫에 게일어(스코틀랜드의 옛 언어)로 된 시 「Tha gaol agam ort(I love you)」라는 시를 기고하면서 장미와 엉겅퀴는 서로 찔러 피가 흐르게 할 수 있는 유사성(affinity)이 있음을 밝히면서 서로를 찌르지 말고 친구로, 형제로 남아 있자고 스코틀랜드인에게 부드러운 손길을 내밀고 있다.

계관시인의 애정 어린 호소에도 스코틀랜드가 영국에 계속 남아 있을지 불확실하지만, 이 문제를 투표로 결정하려는 영국의 자세는 분명 높이 평가할 만하다. 중국과 러시아가 이민족 문제를 투표로 결정할 수 있을까? 스코틀랜드에도 영국의 제도, 과학, 기술, 학문 등에 기여한 인물들이 많았다. 스코틀랜드인들의 존경을 받는 시인 로버트 번즈(Burns)는 영국 낭만주의 시인들을 선도 하였고, 그의 가곡 「올드 랭 사인」(석별)은 사오십 년 전 초등학교 졸업식장에서 눈물을 흘리며 불렀던 우리나라 7080의 추억이 묻어있는 노래이기도 하다. 『도덕 감정론』과 『국부론』을 써서 철학자 스미스씨, 경제학의 아버지라고 불리는 아담 스미스, 영국의 중앙은행이 된 영란은행(Bank of England)의 창립자 윌리엄 패터슨, 증기기관의 아버지 제임스 와트, 영화 「007」 시리즈의 제임스 본드로 유명한 배우 숀 코너리도 스코틀랜드 사람이다.

이러한 역사적 자부심이 강한 사람들이 '연합 왕국'인 영국의 곁을 떠나고 싶어 한다. 그 이유는 복잡하지 않다. 장미와 엉겅퀴의 가시로 서로를 찌르기 때문이다. 두 나라가 이혼하지 않고 살아갈 수 있는 방법은 서로 반대 입장에 서서 서로 공감하는 일이다. 제러미 리프킨의 말이지만 두 나라만의 일이겠는가? 개인도 이와 크게 다르지 않을 듯싶다. ■ 2014.10

다양한 얼굴의 이순신

영화 「명량」이 천만 관객을 훨씬 넘기고 있다는 것은 여러 가지 요인들이 있을 수 있겠지만 이순신 장군에 대한 국민들의 사랑이 여전하다는 것이 그 근원이 될 수 있을 것이다. 그러나 훤히 알 수 있는 내용의 영화를 대통령을 비롯해 천만 명 이상이 관람하였다는 것은 이순신에 대한 사랑을 넘어 그의 리더십에 대한 갈망이 줄어들지 않고 있는 현실에 그 이유가 있을 것이다.

물속에 드러누워 있는 세월호를 언제쯤 인양할 것인지는 아직 기약도 없고, 세월호 특별법을 만들자는 정치인들은 소소한 이해관계로 옥신각신하고 있다. 유병언이 진짜 죽었느냐 아니냐로 유언비어가 나돌고, 세월호가 침몰하던 날 대통령은 누구를 만났기에 청와대를 비웠느냐고 일본의 극우 신문이 중뿔나게 빈정거리고 있다. 적과 싸워야 할 군인들이 서로 군기를 잡는다고 때려죽이는 오합지졸의 모습에 국민은 분통을 터뜨리지만, 중병에 걸린 듯한 이 군대는 스스로 몸을 추스를 능력도, 의지도 없어 보인다. 명량대첩에서 13척의 배로 133척의 왜구와 싸워 이긴 이순신 장군이 다시 돌아온다면 이 지리멸렬한 모습을 뭐라고 그의 일기에 적을까?

『난중일기』 속의 이순신은 모질 정도로 규율을 잘 지켰다. 법을 어기는 자에게는 예외 없이 가혹한 벌을 내리고 심지어 처형도 주저하지 않았다. 이렇게 공적인 일에 일벌백계로 다스리던 그에게 따스함이 느껴지는 것은 곳곳에 부하직원과 백성에 대한 끝없는 사랑이 묻어나기 때문이다. 왜구에 쫓겨 피난길에 오른 처참한 백성들 모습에 가슴 아파하며 심지어 모두 피난을 떠나 비어 있는 집에서 잠을 청하기도 한다. 달빛에 밤바다가 애잔한 모습을 드러내면 그는 많은 상념에 잠을 이루지 못하는 시인이 되기도 한다. 그가 더욱 따뜻해 보이는 것은 가족에 대한 사랑이다. 저녁이면 식은땀으로 옷과 이부자리를 적시면서도 아산에 계신 노모가 편안하다는 소식을 들으면 그렇게 기뻐할 수가 없다. 왜구에 의하여 막내아들이 살해되었다는 소식에 목 놓아 울면서 잠을 이루지 못한다. 우리는 장수가 아닌 정 많은 인간, 이순신의 속살을 들여다보는 듯하다.

이순신은 남들보다 훨씬 뒤늦은 32세에 무과에 급제하여 함경도 변방에 부임하였지만 여진족에게 패하여 백의종군하면서 유성룡의 도움으로 47세가 되어서야 전라좌도수군절도사에 임명된다. 왜구가 쳐들어오지 않을 것이라던 조정의 판단에도 불구하고 그는 왜군과 싸울 것을 예측하여 거북선과 총포, 조총을 만들기도 한다. 군대의 기강이 흐트러지고 싸울 의지마저 없는 군대를 추슬러 군량미를 자급자족할 농토를 개간하고, 전쟁을 하지 않을 때는 청어와 같은 고기를 잡아 말려두기도 한다. 전쟁이 일어나면 어디에서 싸울 것인가 바다의 지형지물을 동네의 경험 많은 노인들로부터 들어 전술에 응용하기도 한다. 그는 준비에 준비를 거듭하여 이길 전쟁에만 나선다. 지금 보면 훌륭한 CEO가 아닐 수 없다. 이순신을 전라도가 아니라 경상도 앞바다를 책임지는 수군절도사로 임명했었더라면 임진왜란은 어떻게 되었을까하는 삿된 생각도 잠시 해보게 된다. 예나 지금이나 늘 인사가 문제다.

경상도 지방을 통과한 왜구가 한양에 이르자 급히 피신을 떠난 선조임금은 이순신이 경상도 앞바다에서 싸울 것을 명하지만 그는 명령에 급히 따르지 않는다. 준비되지 않은 싸움은 질 수 밖에 없음을 알기 때문이다. 압록강을 건너 명나라로 피신가려 했던 선조는 자기명령을 따르지 않았던 그를 압송하여 고문한다. 정탁(鄭琢)의 도움으로 간신히 죽음을 면한다. 나라에 충성을 다하던 그가 임금의 명령에 잠시 따르지 않는 기개(氣槪)는 어디에서 나왔을까? 유성룡은『징비록』에 다음과 같이 적고 있다.

> 이순신은 기풍이 있었으며 남에게 구속 받으려 하지 않았다. . . . 자기 뜻에 맞지 않는 자가 있으면 그 눈을 쏘려고 하여 어른들도 그를 꺼려 감히 그의 문 앞을 지나려 하지 않았다. . . . 자라면서 말타기 활쏘기를 좋아하고 더욱이 글을 잘 썼다.

원균을 비롯한 상관과 잘 맞지 않았던 것은 이러한 그의 타고난 기질과도 무관한 일은 아닐 것이다.

이순신은 용맹한 장수요, 꼼꼼한 CEO요, 글을 잘 쓰는 선비의 모습을 두루 갖추고 있다. 『명량』 영화뿐만 아니라 이순신의 다양한 모습도 모두 그의 글쓰기 결과물인 『난중일기』에 근거한 것이다. 실학자 이덕무(1741~1793)는 이순신을 조선을 빛낸 몇 명 안 되는 문장가로 꼽고 있다. 글을 잘 쓴다는 것이 무인에게도 얼마나 중요한 일인지 국보76호 『난중일기』는 웅변해준다. 이순신이 허접한 인간으로 그렸던 원균의 글은 눈에 띄질 않는다. 글쓰기의 중요함을 『난중일기』에서 본다. ■ 2014.8

유토피아를 통해 본 우리의 불편한 모습

개인이나 사회는 큰 위기를 겪은 후에 그 이전과 달라지기 마련이다. 변화를 거부하거나 잘못된 결정으로 현실에 적절한 대응을 하지 못할 경우 생존에 큰 위협을 느끼기 때문이다. 개인이나 기업뿐 아니라 국가도 위기를 기회로 바꾸지 못했을 경우 역사 속으로 사라졌음을 멀지 않은 과거에서 확인할 수 있다. 기회는 오히려 불확실성에서 나오며 조직의 지도자들이 불확실함을 꿰뚫어보는 남다른 통찰력을 보여 주었을 때 조직은 더욱 융성 · 발전해 왔음을 알 수 있다.

그러나 지금 우리사회는 사회지도자들에게 그런 기대를 걸고 있지 않는 듯하다. 세월호 참사 이후 우리 사회는 해양 분야뿐 아니라 정치, 경제, 사회의 모든 분야에서 현재와는 확 달라져야 한다는 공감대가 형성되고 있다. '우리가 남이가?', '끼리끼리'의 패거리 의식은 사회지도층에 대한 불신을 증폭시켜 왔다. '관피아', '해피아' 같은 신조어가 만들어진 것도 우리 사회가 지금과 같은 끼리끼리의 검은 고리 시스템으로는 행복한 사회 건설이 불가능하리라는 성찰에서다.

우리 사회가 과거보다 더 행복한 나라가 되기 위해서는 지난날을 반면교사로 삼아 과거부터 지속해왔던 잘못된 관행들을 버리거나 중단해야 한다. 특히 개인과 집단의 불공정한 이익을 위하여 타인의 고통을 요구하는 불법과 탈법의 관행들을 법의 엄정함을 통해 일소해야 한다. 초등학교 사회과목에나 나올 법한 이 기초적 도덕개념이 잘 지켜지지 않는 나라는 행복하고 안전한 나라가 되기 어렵다. 타인의 눈물이 나의 행복이 되고, 자고나면 대형 사고들이 펑펑 터져 우리의 안전을 위협하는 사회는 성숙한 사회라고 할 수 없다. 성숙한 사회는 나보다 이웃을 배려하는 관용 사회다. 나의 이익을 위하여 규정을 속이고 사회공동체 의무를 이행하지 않는 것은 타인에 대한 배려의 부족에서 출발한다.

백화점이 붕괴되고, 다리가 무너지고, 대형 여객선이 침몰하고, 체육관이 무너지는 것은 근본적으로 기존의 규정을 어기고 누군가 사익을 챙겼기 때문이다. 이러한 사익의 챙김에는 늘 연결고리가 상존한다. 이 사익의 먹이사슬은 곰팡이처럼 곳곳에 피어 있어 제거되기도 쉽지 않다. 먹이사슬에 참여한 사람들은 경제적으로 풍요로운 삶을 살아가고, 이에 관여하지 않은 불특정 다수는 한 순간 날벼락으로 생을 마감하기도 한다. 이런 불공정하고, 위험한 사회의 도래를 막아내는 길은 엄정한 법 집행과 높은 도덕성을 통해 비행(卑行)을 꿈도 꾸지 못하게 만드는 일이다. 법은 공정할 때 더욱 그 위력을 발휘한다.

개인의 인격처럼 그 사회의 품격을 높이는 일은 사회의 도덕성에 달려 있다. 16세기 영국의 토마스 모어가 쓴 『유토피아』에 나오는 유토피아 사람들은 부모로부터 물려받은 많은 재산을 자랑으로 여기지 않으며, 좋은 옷을 입고 금붙이로 몸을 치장하는 것을 가난한 사람에 대한 우월함으로 생각하지 않는다. 그곳에서 요란한 치장은 자신이 하인임을 드러낼 때 다는 표지이기 때문이다. 이들은 또한 자신의 타고난 혈통을 자랑하지 않는다. 놀고먹는 귀족이 공동체 사회에 크게 도움이 되지 않기 때문이다. 모어가 이렇게 유토피아라는 나라의 특성을 설명하는 것은 영국이라는 나라가 아직 유토피아와 거리가 먼 행태를 보이고 있음을 역설적으로 드러내주는 것이다.

특히 유토피아에서 사유재산을 허락하지 않는 것은 그 당시 산업발전을 통해 돈 중심 사회로 변해가고 있는 영국사회에 대한 안타까움의 역설이라 할 수 있다. 돈 중심 사회에서 어떤 일이 벌어질 수 있는 지를 총명한 모어는 이미 간파하고 있는 듯하다. 헨리 8세의 이혼문제에 협조하지 않는다는 이유로 일인지하 만인지상(一人之下 萬人之上)의 자리에 있었던 그가 형장의 이슬로 사라졌지만 개인의 인권을 억압하려 했던 왕에게 목숨으로 대항했던 그의 기개와 당당함은 그 시대의 품격으로 자리 잡고 있다.

모어가 어디에도 존재하지 않지만 누구나 꿈꾸어 볼 수 있는 이상향인 '유토피아'를 소설로 그려본 것은 당대의 영국 사회가 살만한 곳으로 변화되기를 간절히 바라는 마음에서였다. 그때의 영국

뿐 아니라 오늘날 우리나라의 국가시스템의 변혁도 새로움을 창조해 내려는 도전정신을 통해 가능하다. 기득권의 저항을 이겨내며 우리사회 구석구석에 쌓여 있는 적폐(積弊)를 일소하고 새로운 유토피아를 향해 나아가기 위해서는 그 이상향이 누구에게나 행복감을 줄 수 있다는 공감대가 형성될 때 가능하다. 나도 잘 살 수 있다는 유토피아가 그려질 때 그 사회는 희망으로 활력이 넘치기 때문이다. 나쁜 정치는 잘살 수 있으리라는 꿈마저 포기하게 만든다.

■ 2014.7

사탄의 맷돌과 위험사회

19세기 영국 초기 낭만주의 시인 중의 한 사람인 윌리암 블레이크(1757~1827)는 환경적으로 파괴되어 가는 런던의 피폐함과 우울해 보이는 사람들의 모습에서 영국 산업화의 부작용을 예리하게 감지했다. 한밤 중 런던 거리에서 들려오는 창녀의 저주 소리는 갓 태어난 아기의 울음소리를 그치게 하고 몇몇 힘 있고 돈 있는 자들이 런던 거리와 템즈 강을 특허 내어 독점해버렸다고 「런던」이라는 시에서 읊고 있다. 또한 스모그로 고통 받는 사람들의 얼굴에는 '비애의 자국'(marks of woe)이 짙게 배어 있다면서 런던의 황량함을 묘사하고 있다. 또한 「밀턴」에서는 19세기 초 영국이 산업혁명의 소용돌이에 휘말려 '사탄의 맷돌'(satanic mills)을 돌리고 있다고 자본주의의 탐욕을 고발하고 있다.

블레이크가 이야기하는 '사탄의 맷돌'은 산업혁명을 통해 시장 중심의 자본주의를 추진해가는 영국 자본주의 사회에 대한 상징적 표현이다. 이 표현을 오스트리아의 사회경제학자 칼 폴라니(1886~1964)는 자신의 저서 『거대한 전환』(*The Great Transformation*)

2부의 소제목으로 빌려다 쓰고 있다. 2차 세계대전의 종말이 눈앞에 보이는 상황에서, 유럽이 전쟁 후 다시 1930년대 이전의 시장중심주의로 돌아가게 된다면 1930년대와 같은 경제공황에 또 휘말리게 될 것이라는 내용을 이 책은 담고 있다. 시장이 '보이지 않는 손'(invisible hand)에 의해 조정될 수 있다는 '자기조정시장'(self-regulating market)은 '황당무계한 유토피아'(stark utopia)라는 것이다.

이러한 질서(인간, 자연, 화폐도 상품화하여 시장에서 무한 경쟁하는 질서)는 존재할 수 없으며, 만에 하나 실현된다면 인간과 자연은 철저히 파괴되어져 갈 것이고 사회는 스스로 보호하기 위하여 조치(노동조합 등)를 취하지 않을 수 없으니 사회는 혼란에 빠질 수밖에 없다는 것이다. 2차 세계대전 후 유럽사회는 애초부터 가능하지도 않은 자기조정시장의 질서를 다시 채택하지 말아야 한다는 것이다. 폴라니는 자본주의의 비도덕성을 다시 문제 삼으려고 한 것이 아니라 완벽한 시장질서 자체가 애초부터 가능하지도 않은 유토피아에 불과한 것으로 보고 있다. 그는 칼 맑스와도 다른 '사회'라는 개념에 주목했다. 요즘 신자유주의를 통한 소득의 양극화 현상이 심화되면서 폴라니의 생각들이 다시 새롭게 조명되고 있다.

세월호가 물속에 침몰하여 뒤집히는 과정을 생생히 바라보면서 금할 수 없는 또 하나의 분노는 자본주의의 탐욕이 이곳에도 도사리고 있었다는 것이다. 배가 침몰하는 과정에서 나 먼저 살고 보자는 선원들의 비윤리적 직업의식과 젖은 돈을 말리는 선장의 천박함은 뒤로 하고, 선적화물의 톤수를 속여 보험금을 타내보려는 선박회사의 탐욕은 참담한 결과를 낳고 말았다. 세월호 선원들은 배가 뒤집히는 긴박한 순간에도 끝없이 선박회사와 전화를 하며 승객구조보다 숫자 조작에 가담하고 있었다. 이러한 행동의 근원에는 인간보다 돈이 먼저라는 자본주의의 탐욕이 도사리고 있었기 때문일 것이다.

극대 이윤을 추구하려는 자본주의의 탐욕은 인간과 자연을 이용과 개발의 대상으로 삼았고 그 결과 기후변화와 같은 자연재해는 도리어 인간을 위험에 빠뜨렸다. 자본주의 사회에서 인간이 만들어 내는 모든 생산물들은 개인의 사유화가 이루어지지만 그 결과 나타나는 위험들은 불특정 다수에게 돌아간다. 원자력 발전소 폭발, 가스 누출, 백화점과 교량의 붕괴 등은 이것과 직접 연관이 없는 사람들이 더 피해를 보게 마련이다. 그래서 독일의 사회학자 울리히 벡(1945~2015)은 『위험사회 －새로운 근대성을 향하여』라는 책에서 과학기술 문명의 발달로 개인이 통제할 수 없는 커다란 위험이 발생할 수 있음을 경고하였다. 그는 위험사회에서 벗어나기 위해 대중들이 위험 요소들에 개입할 수 있는 여지를 지속적으로 넓혀 줌으로써 사회적 제어력을 높여주는 '성찰적 근대화'가 필요하다고 역설한다. 세월호를 비롯한 많은 사고를 되돌아 볼 때 우리 사회는 성찰적 근대화와는 거리가 먼 위험사회에 머물고 있음을 알 수 있다.

극대 이윤만 추구하는 자본주의 시장은 모든 것을 빨아들여 갈아버리는 '사탄의 맷돌'과 같다. 사탄의 맷돌이 끌어당기는 자장(磁場)이 너무 강력하여 인간과 자연이 살아남을 수 없을 때는 사탄의 맷돌을 치워야 하겠지만 지금 당장은 돈보다 사람이 먼저라고, 이웃을 사랑하고 도덕성을 회복해야 한다라고 말하는 사람들이 많다. 프랑스의 석학 기 소르망(Guy Sorman, 1944~)도 『세상을 바꾸는 착한 돈』에서 기부문화를 실천해야 한다고 주장한다. 그러나 왠지 공허해 보인다. 자본주의는 돈 중심으로 잘 짜인 사회이니까.

도심의 한산한 뒷골목에 '돈에 미친 사회를 확 바꿉시다'라는 어느 당의 빛바랜 선거용 플래카드가 바람에 흔들리고 있다.

■ 2014.6

부끄러워할 줄 알아야 부끄러움이 없다

세월호 참사의 충격은 우리사회 곳곳으로 파고들어 과연 대한민국은 존재하는 가에 대한 근원적 물음으로 확대되고 있는 양상이다. 국민들의 생명을 제대로 지켜주지 못하는 국가가 무슨 나라인가에 대한 회의와 함께, 세월호와 관련된 사람들의 허접한 모습에서 우리 자신뿐 아니라 주변을 되돌아보게 한다. 팬티 바람으로 승객을 버리고 구조선에 올라타는 선장의 모습, 세월호 승객의 구조에 허둥대며 인근의 어부만도 못한 해경, 뒷수습 하나 매끄럽게 하지 못하고 변명과 거짓말로 우리 공동체 사회의 신뢰를 무너뜨리는 공직자들, 청해진 해운의 실 소유자로 알려진 유병언 일가의 검찰에 대한 불응 등은 염치와는 멀찌감치 거리를 둔 뻔뻔함의 극치들이다. 이러한 염치(廉恥: 청렴할 렴, 부끄러워할 치)를 모르는 자들의 모습은 어느 시대나 있게 마련이지만 우리사회의 심각성은 이러한 자들의 숫자가 점점 많아지고 이들이 사회의 지도층으로 등장하고 있다는 사실에 있다.

후안무치(厚顔無恥)한 사람들의 모습에 가슴아파하며 이들이 염치를 갖고 살아가기를 바라는 마음에서 일찍이 아일랜드 출신의 제임스 조이스는 『더블린 사람들』에서 더블린 사람들의 정신적 마비(paralysis)를 주제로 소설을 썼다. 조이스가 바라본 더블린 사람들은 종교적, 정치적, 가정적으로 염치를 모르는 자들이었다. 가톨릭 신부들은 신자들의 영혼을 위한 미사를 올리는 것이 아니라 돈을 주제로 한 설교로 신자들의 도덕성을 오히려 마비시킨다. 선거를 앞둔 어느 후보의 사무실에서 운동원들은 자기 후보의 팸플릿을 돌리지 않고 그 종이를 난로 불쏘시개로 사용하면서 후보가 오늘 저녁에는 맥주를 사올 것 인지 아닌지, 두둑한 돈을 줄 것인지, 당선되면 나는 무슨 자리를 얻게 될 것인지에 관심을 기울인다. 물론 후보도 선거구민을 위한다고 떠들지만 말뿐이고 개인의 사익과 끼리끼리의 당파 이익을 위해 귓속말로 소근 거릴 뿐이다. 이와 비슷한 사람들의 모습이 15편의 단편 속에 다양하고, 섬세하게 묘사되고 있다. 조이스가 이 작품을 쓰게 된 동기는 더블린 사람들의 관습, 행동, 생각을 정확하게 기록하여 얼마나 그들이 얼마나 정신적 돼지우리 속에 살아가고 있는지를 부끄러워할 줄 알아야 한다는 의도에서였다. 1920년대의 더블린 사회나 세월호를 통해 드러난 우리 사회의 모습은 크게 다르지 않다.

이 소설 속의 인물들처럼 부끄러움을 모르는 자들은 거울속의 추한 모습을 보아도 자각하지 못하는 특성이 있다. 그것은 부끄러움을 느끼는 센서가 고장 났거나 내재되어 있지 않기 때문이다. 부끄러움은 전형적인 자기 평가적 감정이다. 부끄러움을 느낀다는 것은 자신의 내면세계에 설정되어 있는 도덕적 가치기준에 자신의 행동이 이르지 못했을 때이고, 다른 하나는 자신이 속해 있는 공동체가 설정해 놓은 행동기준에 자신의 행동이 미치지 못했을 때이다. 후안무치한 사람들은 개인과 공동체가 설정한 가치기준 자체가 부재한 자들이다. 그러니 이들은 부끄러움을 모른다. 많은 사람들을 바닷물에 빠뜨려 죽게 한 선장은 팬티바람으로 배에서 빠져나와 태연히 지갑 속의 돈을 말리고 있었다고 한다. 우리시대가 만들어 놓은 패덕(悖德), 아니 우리의 또 다른 일그러진 자아(自我)일는지 모른다. 우리사회의 지속적 발전을 위해 정부부터 근본적이고 혁신적인 국가 시스템으로 개조를 단행해야 하겠지만 모든 제도를 만들고 시행하고 감독하는 일도 사람이 하는 일이기에 공직자(우리)들의 진실성이 요청된다. 출세를 향해 거짓말을 일삼는 공직자 · 공인의 수가 줄어들지 않는다면 제도를 바꾸어 본들 무슨 의미가 있겠는가?

개인의 후안무치는 개인의 불행이나 개인 간의 불화로 끝날 수도 있지만 공직자의 몰염치는 우리가 쌓아올린 사회의 신뢰를 아래부터 허물어뜨린다. 세월호를 통해 드러난 선장과 유병언 일가와 공직자 · 공인들의 허접한 행태는 국민들을 실망시키기에 모자람이 없다. 맹자가 이야기하는 군자삼락(三樂) 중 하나가 부끄러움이 없는 상태다. 하늘을 우러러 부끄러움이 없다는 것은 양심에 아무런 거리낌이 없다는 의미일 것이며, 아래를 굽어보아 부끄러움이 없다는 것은 윗사람이나 공직자가 되어 공동체가 설정해 놓은 가치기준에 행실이 당당하고 떳떳하다는 의미일 것이다.

맹자(孟子)는 염치를 모르는 자들에게 다음처럼 일침을 가한다. "사람은 부끄러움이 없어서는 안 된다. 부끄러움이 없는 것을 부끄러워한다면 부끄러워질 일이 없을 것이다." 『관자』(管子)에서는 염치를 나라를 지탱하는 근간으로 여겼다. ■ 2014.5

한가로운 사내의 죽음에 대한 생각

소설가 복거일(68)이 최근에 펴낸 『한가로운 걱정들을 직업적으로 하는 사내의 하루』라는 다소 긴 제목의 소설은 주인공 현이립이 간암 판정을 받았지만 글쓰기를 위하여 항암치료를 거부한다는 내용이다. 소설에서 현이립은 단순한 생물학적 삶의 연장보다 작가의 소명의식에 가치를 두고 담담히 글 쓰는 일에 시간을 할애하고 있다. 그는 작가 복거일과 닮아 있다. 복거일도 간암으로 판정을 받은 이후 치료를 거부하며 글쓰기에 삶의 우선순위를 두고 있기 때문이다. 누구에게나 죽음은 찾아오는 일이지만 현이립이나 복거일처럼 암 치료를 거부하며 일상의 삶을 그대로 영위한다는 것은 쉽지 않은 일일 것이다. 소설 속의 현이립도 '삶이 최악의 경우를 맞이했는데, 바뀐 것이 없는 듯 일상적 행위를 그대로 한다는 것이 영 서툴렀다'라고 죽음 앞에 흔들리는 내면의식을 드러내고 있다. 평범한 사람들이 남의 일 같기만 했던 죽음이 갑자기 나에게 찾아 왔을 때, 현이립처럼 다가올 죽음을 통해 그 반대편에 있는 삶을 찬찬히 들여다 볼 수 있을까?

대체로 작가는 예민한 더듬이를 가지고 죽음 속에서 삶을 건져내는 작업을 하는 자들이다. 그래서 프랑스의 모리스 블랑쇼(1907~2003)는 '작가는 심연과도 같은 자신의 죽음과 해후(邂逅)하는 자'라고 말했는지 모른다. 450년 전에 태어난 셰익스피어(1564~1616)도 『햄릿』에서, 인간이 삶과 죽음의 갈림길에서 고민하며 그래도 살아야 하는 이유를 찾아내고 있다. "사느냐, 죽느냐, 그것이 문제로다"라는 세계 문학사상 가장 유명한 이 독백에는 삶과 죽음의 본질적인 문제들을 이해하려는 햄릿의 갈등이 잘 드러나고 있다.

보통 사람들은 죽음의 뒤편에 무엇이 있을까 하는 공포를 느끼기에 때로는 힘든 삶을 마감하려다가도 돌아서게 된다. 햄릿도 "한 번 가면 두 번 다시 돌아올 수 없는 그 미지의 나라가 사람의 결심을 망설이게 하는 것, 그래서 알지도 못하는 저 세상으로 달아나느니 차라리 이대로 이 세상의 고통을 참고 견디게 하지"라고 읊조린다. 즉 죽음 너머가 두려워 '좌절한 사랑의 고통, 늑장 부리는 재판, 오만방자한 관리들, 덕망 있는 사람이 소인배에게 받는 그 모욕'을 참아 내야하고, '오래 사는 재앙'을 겪지 않을 수 없다는 것이다. 환언하면 죽음의 공포가 존재하기에 누구나 이승의 삶에 연연하게 된다는 것이다. 그러나 인간은 필연적으로 찾아오는 그 공포와 언젠가는 맞닥뜨려야 한다.

'죽음의 방식에 대해 생각해 본적이 있습니까?'라는 질문에 살아생전 법정 스님은 천화(遷化)라고 머뭇거림 없이 답한 적이 있다.

천화는 불교에서 이세상의 교화를 마치고 다른 세상의 교화를 위하여 떠나가는 고승의 죽음을 일컫는 말이다. 때때로 고승들이 저 세상으로 돌아갈 때가 되면 주변을 정리하고 새벽녘에 쥐도 새도 모르게 높은 뒷산으로 사력을 다해 올라가 죽는 방식이다. 육신은 짐승들의 먹이가 될 것이고 뼈들은 세월을 두고 자연의 부분으로 환원될 것이다. 법정은 이런 죽음을 마음속에 두고 있었던 듯싶다. 그러나 법정은 폐암에 걸렸을 때 외국에 나가 수술을 받았다. 질병에 걸렸을 때 적극적 치료를 받고 생물학적 생명을 연장하는 것이 천화보다 더 인간적일 수 있다. 이유 없이 치료를 거부하고 죽음을 맞이하는 것은 자살과 다름없기 때문이다.

복거일은 인터뷰에서 "사람들이 저를 보고 암 치료를 안 한다면 큰 오해입니다. 암이 발병하면 당연히 치료를 받아야 합니다. 하지만 저는 작가라서 치료에 들어가면 체력이 약해져 다시 글을 쓸 수 없을 상황이 되기 때문에 불가피하게 선택을 한 겁니다. 제발 잘못된 정보가 나가지 않도록 신경 써 주세요. 저 살날 얼마 안 남았어요"라고 어쩔 수 없는 자신의 선택을 강조하지만 내면에는 작가라는 소명의식으로 꽉 차 있는 듯싶다. 창조적인 글을 쓸 수 있는 나이의 한계선을 스스로 70세 정도로 정해 놓고 얼마 남지 않은 작가로서의 삶을 링거 병을 매달고 낭비할 수 없다는 것이다.

남은 날들이 점점 소중해지고 다가오는 죽음이 끔찍하지만, 희망이 없어 기댈 곳도 없다고 생각하니 오히려 마음 편하다는 생각을 복거일은 현이립을 통해 밝히고 있다. 희망엔 불안이 따르는 법이니 오히려 절망이 가장 확실한 마음의 평안을 줄 수도 있다는 생각이다. 복거일의 분신이라 할 수 있는 소설 속의 현이립의 삶은 우리에게 죽음의 의미와 죽음을 어떻게 맞아야 할까를 생각하게 한다. 죽음의 선고가 내려질 때, 나는 복거일처럼 절망에 기대니 마음이 편하다고 말할 수 있을까?

복거일의 쾌유를 빈다. ■2014.4

인문학 열풍

인문학 관련 서적들이 서점가의 목 좋은 곳을 차지하고 있고, 대기업들이 인문학적 소양을 갖춘 인재를 선발하겠다고 나서는 것은 우리 사회에 '새로운 감성'(new sensibility)이 필요하다는 역설이기도 하다. 그런데도 대학들은 구조조정을 통해 취업이 잘 안되거나, 산학협력을 통해 돈벌이가 신통치 않은 인문학 관련 학과들을 폐지하는 쪽으로 가닥을 잡아가고 있다. 지방대학일수록 이런 현상들이 심하게 나타나고 있고 앞으로도 더욱 심해질 것이다. 대학가와는 반대로 사회에서는 인문학 열풍이 불어 소위 길거리 인문학 강좌들이 우후죽순으로 생겨나고 있다. 시청 · 군청의 교양 강좌 프로그램에서도 인문학 강의들이 쉽게 눈에 띈다. 정부의 지원사업과 무관한 것은 아닐 것으로 생각된다. 과거의 단순한 사실을 알려주는 것이 인문학인지 알 수는 없지만, 사회현상에 대하여 과학적이고 기술적인 접근 외에도 감성적 접근이 비슷한 무게로 요청된다.

우리가 살아가는 사회는 효율성과 '기술적-도구적 합리성'이 강조되는 세계라고 할 수 있다. 이러한 세계에서 감성적 에로스(eros)의 세계가 요청된다는 것은 인간의 정서에 많은 문제가 발생했다는 것을 의미할 수 있다. 인류 문명사회는 '에로스의 억압'에서 출발했다. 즐거움, 쾌락, 자유 등과 같은 에로스는 문명건설에 크게 도움이 되지 않았기 때문에 인류는 '근친상간의 금지' 와 같은 터부를 설정하고 노동을 통한 생존에 더 많은 시간과 노력을 투자하도록 했다. 노동은 하지 않고 사랑과 쾌락만 즐긴다면 문명사회는 건설되지 않았을 터이고 먹고 살기도 어려웠을 것이다. 그러나 힘겨운 노동과 에로스의 억압을 통한 문명사회 건설은 '내가 왜 사는지?'에 대한 회의를 낳게 했으며, '피로사회'에 허덕이는 사람들이 '힐링'을 찾아 떠나게 했고, '에로스에 대한 귀환'을 꿈꾸게 했다.

허버트 마르쿠제(Herbert Marcuse)는 『에로스와 문명』에서 '억압 없는 문명은 가능한 것인가?'를 진단하면서 인류의 종말이 오지 않는 한 인간은 문명사회에서 살아갈 수밖에 없고 에로스의 인력(引力)으로부터도 벗어날 수 없다는 두 시각을 조명한다. 주어진 목표를 달성하기 위한 수단에만 관심을 갖는 현대사회가 효율성과 '기술적-도구적 합리성'을 강조하면서 계속 자본의 지속적 축적과 교환가치의 창출을 목표로 삼는다. 이러한 사회에서 인간은 달성하려는 목표가 정당한지 부당한지에 관심을 기울이지 않고, 또 그 과정에서 타자를 소외시키는지 자신이 소외되고 있는지에 대해서도 큰 관심을 기울이지도 않는다. 효율적인 것만이 인정받는 사회에서 비판적-부정적 태도는 비효율적인 것으로 무시되거나 배척될 수밖에 없다. 이러한 풍조는 인간 내면세계에까지 스며들어 개인의 욕망과 도덕관까지 지배한다. 마르쿠제의 눈에 비치기에 효율성과 생산성을 강조하는 '1차원적 세계'가 비판적-부정적 사유체계인 '2차원적 세계'를 몰아내고 참된 의식인 양 행세하기 때문에 그는 새로운 유토피아의 도래를 고대했는지 모른다. 인간은 행복해지기 위해 일을 열심히 하지만 그럴수록 진정 나는 행복한지 묻지 않을 수 없다는 것이다.

예술과 인문학은 이런 질문에 관한 근본적인 고민의 산물이다. 생산성과 효용성이 강조되는 사회에서 무용해 보이는 예술의 세계는 허황된 것이며 인문학은 돈벌이도 안 되는 쓸데없는 고민을 하는 것이니 플라톤도 '시인 추방론'을 들먹였는지 모른다. 감상적인 노래를 흥얼거리고 다니는 시인을 추방함으로써 강력한 도시국가를 형성할 수 있고 그럼으로써 이웃 국가보다 비교우위에 설 수 있기 때문이다. 이곳에서 시인은 청년들에게 값싼 눈물을 흘리게 하는 무용한 존재들이니 추방당해야 할 존재들이다. 그러나 힘과 노동과 공격이 주를 이루는 타나토스(thnatos)의 세계는 에로스의 세계 없이 건강성을 유지할 수 있는 것일까?

우리가 건설한 문명사회는 끝없는 노동을 강요해 왔으나 인간들은 행복감을 느끼지 못하고 떠돌이처럼 에로스 근처를 서성거렸다. 이 무용해 보이는 떠돌이들이 예술가들이며 인문학자들이다. 이들은 우리가 살아가는 삶을 비판적으로, 창조적으로 되돌아보게 한다. 이들은 현대사회에서 유용해 보이는 것들에 대해서 회의적인 눈초리를 보낸다. 이들은 유목민(nomads)처럼 기존 사회의 질서와 제도와 사람들의 정착을 위협한다. 떠돌이의 자유는 안에서만 보면 기존 질서를 파괴하려는 것으로 보이지만 밖에서 들여다보면 기존 질서가 갖고 있는 모순의 현현(顯現)이라는 측면을 갖고 있다. 그 떠돌이의 존재를 사회가 어떻게 받아들이느냐가 성숙한 사회의 바로미터가 된다. 떠돌이들이 존재하지 않는 한 사회는 열린사회로 나아가기 어렵다. 떠돌이는 새로운 자유의 가능성을 보여준다는 점에서 예언자이고 제도적 자유의 한계를 드러낸다는 점에서 치료자이기도 하다.

이런 떠돌이들을 대기업에서 받아들이겠다고 하고 이들의 생각이 서점에서 베스트셀러에 오른다는 점에서 우리사회는 새로운 인간형의 출발을 요구하고 있는 셈이다. 무용한 것이 인간에게 아름다움과 즐거움을 선사할 수 있음을 알아챈 것이다. 쓸모없는 것이 쓸모 있는 것으로 바뀐 것이다. 다양한 떠돌이들의 출몰이 우리의 삶을 더욱 신명나게 할 수 있다. ■2014.3

설렘 예찬

봄이라 하기엔 아직 이른듯하지만 다음 주면 대학엔 새내기들이 설렘을 안고 교정을 서성일 것이다. 그들의 얼굴엔 이미 봄이 완연하고 대학가는 새로운 에너지로 꿈틀댈 것이다. 입시전쟁에서 벗어난 새내기들이 설렘과 기대감으로 대학주변을 활기차게 하기 때문이다. 설렘이 있다는 것은 미래에 대한 기대가 크다는 것이고 에너지가 분출하고 있다는 증거이기도 하다. 새내기들이 대학 4년 동안 이 피 끓는 설렘의 에너지를 어떻게 쏟아 내는가는 자신의 미래와 연결될 수 있다. 가슴이 고동치는 청춘의 4년은 무한한 가능성이 내재해 있기 때문이다. 그래서 대학 4년을 어떻게 보내느냐가 자신의 풍요로운 삶과 연결되는 것이다.

대학 4년은 빈공간일 수 있다. 자신이 그곳에 새로운 그림을 멋지게 그리는 것이다. 어떻게 그림을 그릴까? 먼저 새내기들은 전공하는 학과의 공부를 열심히 해야 한다. 요즘은 융합이다, 통섭이다 하여 이것저것 다른 학문을 기웃거리는 경우도 허다하지만 중요한 일은 자신의 전공을 게을리 해서는 안 된다는 것이다. 융합은 자신의 학문을 중심으로 필요한 인접학문들을 창조적으로 끌어오는 것이지 이것저것 여러 가지를 모아서 맛없는 섞어찌개를 만드는 것이 아니다. 19세기 영국 낭만주의 시인 코울리지는 '상상력'(imagination)이란 새로운 것을 만들어 낼 수 있는 창조력이고, '공상'(fancy)이란 이것저것 섞어놓는 기계적 결합이라고 언급한 바 있다. 융합은 시인이 아름다운 시를 창조하는 것처럼 상상력이 늘 깨어있을 때 가능하며 이것은 예술창조의 세계와도 다르지 않다. 자신의 전공공부에 매진하여 실력이 있을 때 융합도 가능하다.

그러나 전공에만 매몰되는 것도 경계해야 한다. 즉 베이컨(Bacon)이 말한 '동굴의 우상'에 빠져서는 다양한 가치가 충돌·변화하는 시기에 유연성을 놓치기 쉽다. 스마트폰과 같이 서로 다른 기능과 기술이 다양하게 결합하는 현상이 보편화되는 시기에 한 우물만 들여다보고 있어서는 곤란하다. 인접학문과 함께 교양과목을 심도 있게 공부해야 한다. 대학에서 교양은 주로 동서양의 고전작품을 가리킨다. 미국의 아이비리그 대학들이 교양과목으로 동서양의 주요 고전작품을 주로 읽히는 까닭은 고전작품이 위기에 처한 개인에게 슬기로운 지혜를 주기 때문이다. 고전을 의미하는 '클래식'(classic)이라는 말은 라틴어 '클래시쿠스'(classicus)에서 유래했는데, 이 말은 로마가 전쟁 같은 국가적 위기 상황에 맞닥뜨렸을 때 국가를 위해 군함을 그것도 한척이 아니라 함대를 기부할 수 있는 부호(富豪)를 가리켰다. 다시 말해 전쟁과 같은 위급한 상황에 국가에 도움을 주는 재력가를 가리켰던 것처럼 인생의 큰 위기에 당면했을 때 정신적 힘을 주는 책을 의미한다. 대학 시절에 동서양의 많은 고전을 심도 있게 읽으며 당당하고 기품 있는 호연지기(浩然之氣)를 길러야 한다. 흥미 있고 쉬운 기능 강좌는 졸업 후에도 각 지자체에서 개설하는 시민강좌에서 언제든지 들을 수 있다.

21세기를 표현할 수 있는 단어 중의 하나가 '노매딕'(nomadic)이다. 즉 프랑스 철학자 들뢰즈가 언급하는 '유목민적'이라는 말은 세계가 하나가 되어 자유롭게 왕래 · 소통될 수 있다는 의미이다. 사람들의 잦은 이동과 소통은 언어의 통일을 가속화 시켰다. 영어가 점점 국제어로 자리잡아가는 것은 이러한 것에 연유한다. 세계 속에 자신을 자리매김하기 위해서는 적어도 영어만큼은 편하게 활용할 수 있을 정도로 대학 4년 동안 준비해 두는 것이 좋다. 영어를 소홀히 해서는 어렵게 취직했다 하더라도 그 자리를 보전하기조차 힘들기 때문이다. 그렇다고 해서 토익 책만 옆구리에 끼고 대학 4년 내내 도서관에 엎드려 취업만 걱정하는 패기 없는 젊은이가 되어서는 안 될 것이다.

대학 4년은 훌륭한 사람을 자신의 롤 모델로 삼아 모방하는 시기이기도 하다. 창조는 모방을 통해서 가능하다. 역사적으로 많은 업적을 이룬 사람들은 자신의 롤 모델이 있거나 훌륭한 멘토의 안내와 후원이 있었다. 새로 만나는 지도교수는 새내기들의 멘토가 될 수 있다. 그러나 지도교수라 해서 자동적으로 멘토가 되는 것은 아니며 서로의 설렘과 기대감으로 충일(充溢)할 때 가능하다.

설렘은 노년이 되면 우리 곁에서 멀리 달아나려고 한다. 설렘은 미래가 많이 남아있을 때 커지기 때문이다. 설렘이 있을 때 멋진 그림도 가능하다. 그러나 거선(巨船)의 기관과 같은 심장이 뛰노는 청춘이라 할지라도 학문에 설렘과 열정을 오래 유지하는 일은 정말로 힘든 일이다. ■2014.2

마량포구의 '양주학'•

충남 서천 마량포구의 새해 해돋이 행사에 참여한 것이 엊그제 같은데 벌써 보름가량이 지났다. 많은 사람들이 붉게 타오르는 아침 해를 바라보면서 자기의 소원을 빌고 있었다. 각자의 소망은 달라도 건강하고 행복한 삶을 살게 해달라는 소원은 같았을 것이다. 적어도 지난해보다는 더 많은 돈을, 정신적으로는 더 편안한 삶을 소망했을 것이다. 입김이 솜사탕처럼 피어오르는 강추위 속에서도, 태양은 구름도 걸치지 않은 채 붉은 바다 위로 모든 소망을 뿜어 올리고 있었다. 동해안 못지않게 서해안에서 떠오르는 태양의 모습도 장엄한 모습을 갖추었다. 어제도 태양이 솟아올랐건만 오늘 떠오르는 태양에 의미를 부여하며 해돋이에 나선 사람들은 지난해 이루지 못한 꿈을 펼쳐보려는 것이었고, 새해에도 만사형통하기를 바라는 마음에서였을 것이다.

• 양주학(楊洲鶴): 중국 고사에 나오는 헛된 욕망

누구나 한 해를 보내면서 이루지 못한 아쉬움을 그 차액으로 간직한다. 어떻게 보면 그 차액은 인간이 삶을 살아가게 하는 동인(動因)일지도 모른다. 욕망이 존재하기에 저 멀리 어느 '대상'(object a)은 우리에게 손짓하고 그리로 다가가면 그 대상은 또 아지랑이처럼 달아난다. 그 대상을 찾아 끝없이 방황하는 과정이 삶일지도 모른다. 누군가는 멋진 환경에서 아지랑이를 찾아 뛰어다닐 것이고 누군가는 유람선에서, 학교에서, 공장에서, 벌판에서, 잡힐 듯 말듯 한 아지랑이를 찾아 분주하게 뛰어 다닐 것이다. 그러나 저 멀리 아리랑이가 사라질 때 우리의 삶은 종말을 고한다. 살아보고자 하는 욕망이 꿈틀댈 때 삶의 의미가 살아난다. 미국 소설『위대한 개츠비』에서도 주인공 개츠비는 옛날 애인 데이지의 환심을 사기 위해 욕망을 불사르고 있지 않았던가? 불교에서는 도를 닦아 욕망을 하나 둘 떨쳐 내기도 하지만 욕망의 끝은 죽음이다. 그래서 프로이트는 욕망이 삶의 원천인 리비도(Libido)라고 보았다.

우리가 살아가는 현실은 욕망을 채워줄 수 없다. 그래서 차액이 줄어갈 때 행복감은 커져가게 마련이다. 그러나 우리사회는 오히려 차액이 부풀어가고 있다. 정치는 이웃과 함께 잘 살아가도록 하는 '모둠의 기술'이건만 잘사는 사람은 더 잘 살고 못사는 사람들은 점점 희망을 잃어가고 있다. 내년에는 올해보다 더 윤택한 삶을 고대하지만 가난한 사람들의 빚은 자꾸 눈덩이처럼 불어날 뿐이다. 더 열심히 일하면 가난에서 벗어날 수 있다고 경쟁을 부추기는 사람들은 대부분 많이 가진 자들이다. 타인의 노동을 통해 나의 부가 더 창출되기 때문이다. 아예 일할 자리를 찾지 못한 일부 젊은이들은 백수처럼 빈둥대다 희망을 잃고 욕망을 포기한다. 우리나라는 OECD 국가 중 자살률 1위를 차지하고 있다. 욕망이 사라질 때 사람들은 자살을 선택한다. 이러한 모습은 진정 행복한 사회, 건강한 사회와 거리가 멀다. 사람들은 행복한 삶을 꾸려가기 위해 국가를 조직하고 자신들의 권리를 위탁해야만 했다.

인류가 만들어 온 발전된 문명은 개개인의 생명과 자유와 자산을 보전하는 일이었고 국가가 그 능력을 발휘하도록 중지(衆智)를 모으는 일이었다. 영국의 존 로크(John Locke)는 『통치론』에서 국가가 개인의 욕망을 조정하는 조정자의 역할을 제대로 하지 못하거나 적반하장(賊反荷杖)격으로 국가가 침입자가 되어 공정하지 않게 개인의 삶을 파괴한다면 예방적으로나 사후적으로 그 정부를 교체해야 한다고 주장했다. 국민은 애당초 개인의 권리를 국가에 양도한 것이 아니라 신탁한 것일 뿐이고 국가는 신탁자의 뜻을 잘 받들어 모셔야하는 수탁자일 뿐이므로 국가의 권력남용 및 무능에 대해서는 저항해야 한다는 것이다.

개인이 행복하고 골고루 잘 살도록 하기 위해서는 무엇보다도 국가의 권력남용이 없어야 하고 정부의 무능함이 크지 않아야 한다. 장밋빛 유토피아를 내세우며 무리한 정책을 시도하는 정부는 독재로 흐르거나 환상적 탐미주의로 빠지기 쉽다고 칼 포퍼(Karl Popper)는 지적한다. 그런 국가에서 국민은 부익부 빈익빈의 갈등에 시달리며 사회는 닫힌 세계로 질주할 뿐이라는 것이다.

칼 포퍼는 『열린사회와 그 적들 I』에서 인류의 역사를 닫힌 세계와 열린 세계의 투쟁으로 보았으며 열린 세계로의 이행이 인류가 수행한 가장 위대한 혁명 중의 하나로 파악했다. 닫힌 세계는 불변적인 금기와 마술 속에 살아가는 원시 부족사회이며 시민생활의 전체를 규제하는 사회다. 열린사회로의 이행은 단단한 이성의 기초 위에서 '백두혈통' 같은 생물학적 DNA를 강조하는 미개 집단(국가 또는 조직)을 해체하는 일이며 나는 정상인데 너는 비정상이어서 '비정상을 정상화'하겠다는 독선도 배제하는 일이었다. 열린사회로 가는 유일한 길은 금수가 사는 세상으로 가지 않는 일이다.

열린사회는 인간답게 사는 공간이며 그곳으로의 이행은 자동적으로 이루어지지 않는다. 이곳으로의 이동은 성숙한 도덕성과 저항적 시민의식을 통해 가능하다. 나는 정상인데 네가 비정상이라는 의식을 버릴 때 열린사회는 다가온다. 올해는 냉철한 선거를 통해 열린사회로 조금 다가가길 기원해 보았다. 새해 마량포구에서 잠시 '양주학'에 올라타고 꿈꾸어 보았던 것은 아닐는지. . . .

■ 2014.1

야만과 문명

인간은 생물학적으로, 문명적으로 오랜 세월 진화해 왔으나 더 이상의 생물학적 진화의 가능성은 거의 없어 보인다. 동물이라는 측면에서 인간은 어느 정도 살다 죽게 된다는 시간표가 단단히 DNA 속에 규정되어 있고 앞으로도 그것이 변할 가능성이 없기 때문이다. 인간이 개구리처럼 올챙이의 모습으로 태어났다가 뒷다리가 쑥 빠져 나오는 그런 변신의 과정은 없을 것이다. 성체로 태어나 그대로 성장하도록 게놈(genome) 속에 각인되어 있기 때문이다. 로봇이 인간을 대신할지는 모르지만 로봇의 존재 이유가 그 것의 바깥에 있기 때문에 인간이라고 정의하기는 어렵다. 밀림의 사자나 호랑이 같은 짐승들은 사냥을 하고 고기를 먹다 죽게 될 것이고 그 패턴은 변화 없이 반복될 것이다. 그러나 인간은 동물적 자기동일성 외에, 사유하는 힘에 의해 자신들이 만들어 놓은 문명을 발전 · 누증해 왔고 이것을 받아들여 향유하는 사람들의 삶은 짐승들과 확연히 구분되는, 야만이 아닌 문명의 길을 걸어갈 것이다.

그래서 인류의 역사는 짐승들의 행태와 거리두기의 역사이다.

짐승들은 유전자에 노예처럼 본능적으로 얽매여 있는 존재임에 비하여 인간은 학습에 의하여 이제까지 축적된 문명을 압축하여 받아들일 수 있고 그것을 변형하여 계승 · 발전시킬 수 있는 존재들이다. 타자기를 사용해본 적이 없는 사람들도 컴퓨터를 배워 그 이상의 무한한 효과를 거둬들일 수 있고 그 결과는 예전의 삶과 비교도 할 수 없을 정도가 되었다. 문명은 유동하여 타 문명과 결합하기도 하고 새로 탄생한 문명은 다른 문명과 또 화학반응을 일으킬 잠재성도 지니고 있다. 그러나 인간의 문명이 타 문명에 전해지는 것은 필연적인 것이 아니라 타 문명을 학습하여 나의 문명을 개선하려는 인간의 의지에 달려있다. 이것이 없을 때 역사는 존재하지 않는다.

모든 나라의 문화를 찬찬히 들여다보면 그 나라 고유의 문화가 있을 터이지만 유럽의 근대성(modernity)은 어떻게 하면 인간이 인간으로부터 억압받지 않고 소외당하지 않는 삶을 살아갈 수 있을까 하는 출구를 찾아보려는 노력의 징표였다. 토마스 모어(Thomas More)는 유토피아를 상정하여 인간이 그곳에 도달할 수 있는 가를 꿈꾸어 보았고 토마스 홉스(Thomas Hobbes)는 인간끼리의 폭력이 없는 행복한 삶을 추구하기 위해 리바이어던(Leviathan)이라는 괴물을 만들어 개인의 폭력을 국가에 위탁시켜 보고자 했다. 루소도 자신과 세상에 처절하게 불화하면서 평등한 삶이 무엇인지를 밝히고 싶어 했고 마르크스는 노동의 착취가 없는 함께 잘사는 삶을 추구하기 위해 공산사회를 꿈꾸어 보았다. 이렇게 촉수가 예민한 삶들은 모두 강제와 소외가 없는 행복한 삶을 추구하려는 흔적들이었다.

프랑스 철학자 미셸 푸코(Michel Paul Foucault)는 인류의 역사는 가진 자, 힘 있는 자들이 가난한 자 나약한 자들을 길들이기 위한 광기의 역사였다고 지적한다. 광기의 역사를 종식하기 위해서는 기존의 체제에 자발적 복종이 아니라 길 위에 놓인 장애물들을 하나씩 제거해 나가야 한다는 것이다. 행복한 세상은 잘 나갔던 지난 시절, 공간적으로 멋진 다른 곳, 초월적인 환상의 세계에 있는 것이 아니라, 지금 여기 나의 자유를 가로막는 장애물을 하나 둘 제거할 때 거기에 도달할 수 있다. 그러나 많은 사람들이 장애물을 피해가고 싶어 하고 강력한 힘(조직, 정치)에 굴복하거나 농조하여 나팔수가 되기도 한다.

조선 선조 때 홍성민은 「촉견폐일설」(蜀犬吠日說)이라는 글에서 촉나라에서는 흐리고 비오는 날이 많아 해가 뜨면 그것이 오히려 이상해 보여 개가 해를 보고 짖는다는 것이다. 나라가 어려울 때 간신들이 당리당략과 사리사욕, 무능으로 해를 보고 짖어댈 때에는 그 피폐가 이루 말 할 수 없음을 지적하고 있다. 그때나 지금이나 정치뿐 아니라 조그만 조직에서도 야만과 문명 사이를 분주히 방황하는 사람들이 적지 않다. 지난 한 해, 해(日)를 보고 짖는(吠) 견(犬)의 역할을 하지 않았는지 조심스럽다.

인류의 역사는 개인의 억압과 소외가 없는 문명의 방향으로 진화를 거듭해 가고 있건만 남쪽에서는 '안녕하지 못하다'는 신음소리와 강경진압의 호루라기 소리가 들리고 북쪽에서는 독재자의 부릅뜬 눈과 죽은 독재자의 동상 앞에서 그의 삶이 영생했으면 좋겠다는 동포의 슬픈 얼굴이 우리의 가슴을 아프게 한다. 억압과 강제는 오래가기 어려운 일이지만 그 장애물을 내가 손수 치울 때 유토피아는 더 가까이에서 손짓할 것이다. 그것이 문명의 길이기도 하다. ■ 2013. 12

황제펭귄의 '허들링'

2년 전 MBC에서 방영했던 「남극의 눈물」은 시청자들에게 많은 여운을 남겼다. 그중에서도 황제펭귄의 부성애와 '허들링'이라는 생존방식은 우리의 삶을 되돌아보게 했다. 영하 40~50도의 혹한 속에서 황제펭귄들은 생존하기 위해 무리의 가장 바깥에 있는 펭귄과 안쪽의 펭귄이 차례로 자리바꿈을 하고 있었다. 이 지혜로운 허들링을 통해 일정온도를 유지한 수컷은 자신의 발등위에서 알을 품어 부화시키고 있었고 이것으로 황제펭귄들의 종족도 보존하고 있었다. 협동과 배려가 자신의 종족 보존에 도움이 될 수 있음을 이 조류는 본능적으로 알고 있었던 셈이다. 그래서 누군가가 이들에게 펭귄 중의 '황제'라는 이름을 붙여 주었는지도 모른다.

그러나 인간의 삶은 황제펭귄들의 허들링과는 거리가 멀다. 돈 없고 힘없는 사람들이 무리의 바깥을 늘 서성인다. 지난해 조세연구원이 발표한 자료에 따르면 2012년 4월 기준으로 우리나라 소득 상위 1%가 국민소득 16.6%를 가져갔다. 이것은 OECD 국가 중 미국의 17.7%에 이어 2위이다. 올해도 부의 양극화현상은 더욱 심화

되어 부자들은 부를 더욱 늘려가고 가난한 자들은 더욱 빚만 부풀리고 있다는 발표다. 그러다보니 자살률은 OECD 국가 중 1위에 이르고 청소년들은 살아가는 데 가장 중요한 것이 돈이라고 생각한다는 조사도 나와 있다. 소득 불균형으로 인해 국민의 행복지수는 10점 만점에 4.2점으로 OECD 34개국 중 32위를 차지한다. 돈 때문에 자살하고 돈 때문에 행복하지 않고, 돈이 인생에서 가장 중요하다고 생각하니 돈은 수단에 불과한 것이라고 학교에서 가르쳐 보았자 그들에겐 뻔한 공염불처럼 들릴 것이다.

소득 불균형으로 인하여 먹고살기 힘든 것은 단지 우리나라의 문제만은 아니다. 2011년 9월 17일 자본주의 심장인 뉴욕의 한복판에서 1,000여 명이 모여 "월가를 점령하라"는 구호 아래 금융자본주의의 탐욕을 규탄하고 빈부격차의 해소를 촉구하는 시위를 벌였다. 이것은 지금과 같은 자본주의 시스템 하에서는 열심히 일을 해도 빚을 갚기 힘들다는 99%의 아우성이었다. 그러나 그 이후도 '고장 난 자본주의'는 굴러가고 있고 소득의 양극화는 앞으로도 지속될 가능성이 크다.

자본주의의 이런 속성을 간파한 마르크스는 어떻게 하면 다 같이 잘 살 수 있을까를 고민하다 『자본론』과 『공산당 선언』을 내놓았지만 그 실험은 이미 실패로 끝났고 신자유주의는 자본주의를 무한경쟁으로 몰고 가 이제는 생존 게임에서 내가 언제 탈락할지 모른다는 불안감에 휩싸이게 하고 있다. 더욱 열심히 일하는데도 상대적 박탈감은 심해지고 세상은 우울한 방향으로 흘러가고 있다.

독일 베를린예술대학교의 한병철 교수가 언급하는 소위 '피로사회'가 도래한 것이다.

언제 '루저(loser)'로 탈락할지 모르는 불안한 사회, '소진(burn-out) 사회'로부터 탈출하는 방법은 안정된 일자리를 제공하여 소득을 높여주는 방법일 것이다. 맬서스(Thomas Robert Malthus)가 '가난한 자의 주머니를 채워라. 그러면 소비가 촉진된다'라고 했던 말도 소득불균형과 닿아 있다. 빚을 갚기에도 허덕이는데 소비가 촉진되기는 어려울 것이다.

일본의 '잃어버린 20년' 같은 장기침체가 발생하는 것도 쓸 돈이 없기 때문일 것이다. 1%가 아니라 99%의 손에도 적당한 돈이 돌게 해야 한다. 동정심에 기대어 가난한 사람들에게 몇 푼의 돈을 나누어 주는 복지가 아니라 약자들이 스스로 자립할 수 있도록 도움을 주는 건강한 복지가 국가의 정책이 되어야 한다. 복지는 연약한 사람들을 위한 사회안전망이다. 젊은이들이 일자리를 찾지 못하여 백수로 지내는 고용불안정 구조는 정부가 제대로 역할을 하지 못한다는 증거와 다르지 않다.

가난하면 당장 살아나가기도 어렵고 뜻을 이루는 일은 더욱 어렵다. 궁핍은 예술적 창조에도 학문적 발전에도 도움이 되지 않는다. 자식을 낳아 기른다는 생명체들의 기본적인 임무도 제대로 해낼 수 없다. 좋은 일자리를 만들어 가난한 사람들이 스스로 자립할 수 있도록 배려하는 사회가 우리가 꿈꾸는 행복한 자본주의 사회다. 이것이 국가의 역량이기도 하다. 그러기 위해서는 가난하고 연약한 자들을 위한, 가진 자들의 '허들링'이 필요하다. 사회가 얼마나 문명화됐는지를 측정하는 방법은 약자를 어떻게 대우하느냐에 있다. ■ 2013.11

리바이어던의 칼

국정원과 군 사이버 사령부가 사이버 상의 댓글로 대선에 개입했다는 의혹은 여 · 야의 정쟁거리만이 아니라 민주주의의 근본을 훼손한 중대한 문제라고 할 수 있다. 국가라는 공권력은 내적으로는 법을 위반한 사람들을 처벌하라는 검 · 경찰로 대표되는 힘이고, 바깥으로는 외적의 침입을 막아 국민들의 삶을 안전하게 지켜내라는 물리적 군사력이다. 그런데 국정원을 비롯한 공권력을 본연의 임무에 사용하지 않고 개인을 강제하거나 힘 있는 자들의 편의에 따라 정권유지와 기득권 수호에 이용한다면, 토마스 홉스가 생각해낸 '국가'라는 개념은 그 출발부터가 무의미해 보인다. 만인에 대한 만인의 투쟁이 두려워 힘 있는 국가의 출발에 동의한 구성원을 국가가 위협한다면 그들은 더 큰 두려움에 떨고 국가의 노예가 될 것이기 때문이다.

"모든 정치사상은 자신의 역사적 경험과 그 시대의 지적 유산을 반영한다"라고 했던 퀸 스키너(Quentin Skinner)의 말처럼 홉스의 정치사상도 그의 삶, 시대와 유관하다. 1588년 스페인의 무적함대가 영국을 쳐들어온다는 소문에 깜짝 놀란 홉스의 어머니가 그를 일곱 달 만에 낳았으니 칠삭둥이로 태어났다. 병약한 그에게 언제 죽을지 모른다는 공포감이 늘 엄습했고, 그런 공포 속에서 노래 부르기, 발 마사지 하기, 테니스 치기 등으로 자신을 단련하여 아흔 살을 넘겼으니 그 당시로서는 보기 드물게 장수를 누린 셈이다. 홉스에게 그림자처럼 따라붙었던 삶에 대한 공포감은 17세기라고 하는 혼란한 정치적 상황, 과학혁명의 분위기와 함께 그의 정치사상을 출현시킨 원동력이었다.

홉스는『리바이어던』에서, 인간은 자연 상태에서 끊임없이 폭력에 노출되어 죽음의 공포를 느끼기 때문에 궁극적으로 자기보존(self-preservation)을 위해 안전과 평화가 보장될 수 있는 제도적 장치를 준비했다. 그것이 국가라는 '리바이어던'이다. 구약성경에 나오는 하나님의 저주를 받은 뱀처럼 생긴 괴물이 '리바이어던'이다. 그런데 혼돈과 무질서를 상징하는 이 괴물의 힘이 오히려 인간의 안전과 질서를 유지해 줄 수 있다고 홉스는 생각한다.

홉스가 국가를 괴물로 표현한 것은 그 정체성에 이중적 의미를 함축하고 있다. 그가 들고 있는 칼로 사회적 계약을 어긴 자들을 처벌하기도 하지만 때로는 시민을 향해 칼을 휘두를 수 있기 때문이다.

현재의 관점에서 볼 때, 인간과 인간의 관계를 철두철미하게 '계산'(reckoning)이라는 도구적 관점에서 파악한 그의 사상에 선뜻 동의하기 어려울 수 있지만, 찬찬히 들여다보면 이것이 우리가 사는 사회의 실체의 모습이 아닐까 싶기도 하다. 인간이 타자와 공존하기 위해서는 자비, 동정심, 자선 등과 같은 인간의 선한 면도 있어야하지만 이런 것에 비하여 인간의 이기심이 더 우세한 힘을 발휘한다는 뜻으로 홉스는 인간 사회를 파악했을 수도 있다.

자연 상태에서 만인에 대한 투쟁이 발생할 수 있다는 홉스의 생각은 정치질서에서 보다 오히려 시장경제에서 더욱 또렷하게 나타난다. 오늘날 글로벌화 된 시장경제에서 적용되는 적자생존의 원리는 밀림의 그것과 크게 다르지 않다. 대기업은 중소기업에 절대적 강자가 되어 중소기업에 대해 갑질을 해댄다. 중소기업은 더 약한 기업에 갑이 되어 비슷한 행동을 반복하고 있으니 자본주의 시장은 늘 아플 수밖에 없다. 대기업과 중소기업의 관계만이 아니라 기업내부의 오너와 종업원의 관계는 주인과 노예와의 관계에서 크게 벗어나지 못하고 있다.

강자만이 독식할 수 있다는 신자유주의는 '상생의 논리'를 잃어버린 지 오래다. 그래서 강자만이 저자거리를 어슬렁거리는 시장경제를 제어할 '리바이어던'이 필요하다. 누가 시장경제의 경제 권력을 막아낼 수 있을까? 아마 홉스가 이 시대에 살았더라면 이 문제에 천착했을 것이다.

요즘 이야기되는 '경제 민주화'도 이런 관점에서 파악되어야 할 것이다. 사회주의의 통제경제를 하자는 것이 아니라 경제 권력의 폭력화도 사회적으로 통제되어야 한다는 의미이다. 리바이어던이라는 괴물은 힘의 상징으로 '칼'(sword)을 차고 있는데, 그 칼은 정치, 경제의 질서를 바로 잡고 사회의 정의를 구현하라는 칼이지 몰래 선거에 개입하라는 폭력의 칼이 아니다. 존 로크도 바로 이 폭력적인 괴물에 강한 의심의 눈초리를 보낸바 있다. ■ 2013.10

위험한(?)
철학자들의 컨퍼런스

프랑스의 대표적 좌파 철학자 알랭 바디우(Alain Badiou)와 세상에서 가장 위험한 철학자라는 슬라보예 지젝(Slavoj zizek) 등이 9월 23일~10월 2일까지 서울에 모여 〈멈춰라, 생각하라: 공산주의의 이념 2013 서울〉 컨퍼런스를 개최했다. 철지난 공산주의의 유령이 아직도 배회하고 있느냐고 반문할 수 있겠지만 이 컨퍼런스에서 언급된 공산주의는 북한과 같은 역사적으로 실패한 사회주의와 거리가 멀다. 알랭 바디우는 이번 강연에서 '현재 북한 체제는 군국주의와 민족주의일 뿐 공산주의와는 전혀 관련이 없다'고 밝히고 있다. 지젝도 북한의 사회주의는 공산주의라는 프로젝트가 어떻게 잘못 변형되어 나타날 수 있는지를 보여주는 극단적 사례라고 언급하고 있다.

지젝은 지난여름에도 우리나라를 방문했는데, 그의 강연에는 수많은 청중이 모여들어 그의 인기를 실감케 했다. 이번 강연도 유투브를 통해 생중계 될 정도로 반응이 뜨거웠다. 그는 프랑스 정신분석학을 공부하여 문학, 영화, 오페라 등에 관한 책을 출판하기도 했지만 그의 깊은 관심분야는 철학이다. 마르크스, 헤겔, 라캉의 철학을 공부한 그는 뉴욕의 '월가를 점령하라' 같은 시위 때 메가폰을 잡고 즉석연설을 하기도 했다. 소수의 부자를 위해서 다수가 희생하는 자본주의는 그 한계를 보일 수밖에 없다고 그는 지적한다. 마르크스가 주장한 공산주의는 사회주의라는 몰락한 국가 모습으로 파산을 맞이했지만 함께 잘 살아보자는 그 근본 철학은 사라질 수 없다는 것이다. 그 공산주의 국가의 모습이 어떤 것이냐는 마르크스도 『공산당 선언』에서 구체적으로 밝히고 있지 않듯이 지젝도 우리가 그것을 찾기 위해 '사유'해야 한다는 것이다. 다양한 생각 속에서 그 답을 찾아보자는 것이다.

알랭 바디우도 정치적 문제를 철학적 사유로 해결하려 했던 프랑스의 사르트르(Jean Paul Sartre), 푸코, 알튀세르(Louis Pierre Althusser) 등과 같이 프랑스 철학의 전통에서 벗어나 있지 않다. 그의 철학은 전통철학에서 사용하던 주체, 진리, 사건 등과 같은 개념들과는 다른 의미로 사용한다. 데카르트(Rene Descartes)식 이성적 주체는 이제 존재하지 않으며 '주체'는 사건의 과정 속에서 만들어지는 개념으로 파악한다. 그는 고전적 주체에게 파산선고를 내리고 있다. 그는 소설과 희곡을 쓰기도 했는데, 그의 글도 라캉(Jacques Lacan), 데리다(Jacques Derrida)의 글처럼 난해하다. 수학의 집합이론을 '존재'의 개념을 파악하는 이론으로 끌어들여 그의 철학을 도식화하고 있다.

의회 민주주의는 '자본주의를 공고화하기 위해 존재하는 가짜

민주주의이며 과두정치에 불과하다'라고 바디우는 비판하면서 '진정한 민주주의는 모든 인민에게 권력이 주어져 있는 체제'인데 현실이 그러하냐고 반문한다. 선거를 통해 이루어지는 민주주의는 우리가 살고 싶어 하는 세계와 틈이 있으며 그 틈새에 끼어있는 억압당하는 사람들은 '이방인'으로 살아간다는 것이다. 국가의 '셈하기'(counting)에서 누락된 '타자들'은 힘겨운 삶을 살아가야하고 선거를 통한 민주주의도 그것을 해결하지 못하고 있다는 것이다. 바디우는 사회에서 소외된 자들에 관심을 기울인다. 사회의 변혁은 늘 소외된 이방인들의 저항에서 이루어졌음을 1871년 파리코뮨 당시의 노동자들에서 찾고 있다. 그는 이번 방한에서도 쌍용자동차 해고노동자들을 찾아 격려하고 있다.

사회주의가 몰락한 지금, 자본주의는 무한경쟁을 통한 극대 이윤을 창출하려고 하고 있고, 인간은 심신이 소진(burn-out)되어 힐링을 외치고 있다고 바디우는 진단한다. 화폐와 상품이라는 싸늘한 얼굴로 모든 유대관계를 끊어놓는 자본주의 세계는 "젊은이들에게 '시장에서 소비자가 돼라'는 것 외에는 어떤 가치도 제공해주지 못하고 있다. 다른 가치, 다른 삶의 방법을 찾아가야 한다"라고 이번 서울 강연에서 젊은이들에게 조언하고 있다. 그 방법은 억압된 현실 상황에 저항하면서 새로운 삶의 방법을 사유하고 행동하라는 것이다. 생각만으로 세상은 바뀌지 않기 때문이다. 두 위험한(?) 철학자가 이번 컨퍼런스에서 요구하는 것은 마키아벨리(Niccolò Machiavelli)가 『군주론』에서 언급한 진정한 '비르투'(용기)가 아닐까 싶다. ■ 2013.10

일본의 우경화, 그 끝은?

과거의 제국주의를 미화하는 일본 우경화가 갈수록 노골화 되어 가고 있다. 아베 신조(安倍晋三) 총리는 전쟁을 일으킨 전범들을 '호국영령'이라 부르며 제국주의를 향한 속내를 드러냈다. 동남아 침략을 통해 서양 제국주의 흉내를 내보려고 했던 일본은 이웃국가들에게 아물지 않는 상처를 주었건만, 지금 '아, 옛날이여!'를 다시 부르짖고 있다. 독도, 위안부 문제 등으로 끝없는 마찰을 일으켜오더니 이제는 한국 사람들이 민도(民度)가 낮다고 노골적 망언을 내뱉고 있다. 일본헌법을 고칠 것 없이 몰래 군대를 갖자는 아소 다로(麻生太郎) 식의 '민도 낮은' 일본 우경화는 군사대국화의 길을 가는 것이며 그 끝은 한국을 비롯한 동남아를 다시 그들의 손아귀에 넣는 일일 것이다.

우리나라는 일본 옆에 있다는 이유로 지난 1,000년 이상 왜구(倭寇)들의 침략대상이 되었고 노략질을 생업으로 하는 그들의 포악함에 조선인들의 삶은 피폐해졌다. 전국시대를 통일한 도요토미 히데요시는 임진왜란을 일으켰고 명치유신을 통해 쇼군시대를 마감한 이토 히로부미는 조선을 강제 점령했다. 2차 세계대전에 패망한 일본은 6.25전쟁을 통해 경제를 부활할 기회를 얻었고 그 이후에도 우리나라와의 무역에서 늘 흑자를 내고 있다. 우리처럼 제국주의적 성향의 국가에 인접하여 '타자'(他者)로서 고통을 겪어온 나라가 대영제국 옆에 있는 아일랜드가 아닌가 싶다.

영국으로부터 750년간 지배를 받아온 아일랜드는 1922년에 독립을 하였지만 아직도 분단국가다. 작은 섬의 윗부분은 종교적인 이유로 영국의 영토로 남아있지만 너무 오랫동안 영국의 지배를 받다보니 영국인의 피가 섞여 누가 진정 아일랜드인인가 하는 정체성의 문제도 한몫했다. 영국 사람들은 아일랜드 사람들을 '타자화'(他者化)하여 영국 사람들보다 2% 이상 덜 된 사람쯤으로 깔보았다. 영국 사람들이 보기에 아일랜드 사람들은 '하얀 침팬지'나 '하얀 검둥이' 같은 존재였다. '아일랜드 사람들과 협상하는 것은 포크로 수은을 집으려는 것과 같다'라는 영국 수상 로이드 조지(David Lloyd George)의 유명한 비웃음은 영국인이 아일랜드 사람들을 보는 대표적 시선이라 할 수 있다.

일본사람들이 조선인을 보는 시선도 이와 다르지 않았다. 2차 세계대전 후 동경대학의 총장을 지낸 야나이하라 타다오(矢內原忠雄)는 '조선은 우리나라의 아일랜드'라고 말한 적이 있다. '일본인의 양심'이라는 이 사람의 말 속에도 조선 사람은 일본사람보다 민도가 떨어진다라는 일본인의 정서가 녹아 있다. 일본 강점기에 조선인은 '두발로 서서 걷는 원숭이'이거나 '옷 잘 입은 아이누' 정도의 취급을 당했다. 영국인과 일본인이 바라본 아일랜드와 조선의 민족성은 그들의 민족성이 '투사(投射)되어 나타난 굴절된 이미지'에 불과하다. 역사적으로 가난하고 힘없는 나라는 이웃한 강한나라의 조롱거리가 되거나 침략의 대상일 뿐이었다. 다행히도 인간 침팬지 취급을 당했던 아일랜드는 1990년대에 들어서 일인당 국민소득이 영국을 앞질렀고, 제임스 조이스(James Joyce)나 예이츠(William Butler Yeats) 같은 20세기 영문학의 최고봉은 아일랜드 출신들이었다.

일본은 내부 국면전환이 필요할 때마다 우리나라를 침략했지만 그때마다 우리는 속수무책으로 당했다. 역사가 비슷하게 반복된다고 할 때 일본의 우경화에 대비하여 우리는 지금 어떠한 대비를 하고 있는가? 아직도 남북이 둘로 갈라져 냉전시대를 극복하지 못했고 일부 정치인은 먹고 살 미래보다는 당리당략에 매몰되어 길거리에서 으르렁대고 있다.

하버드대학교 교수였던 페어 뱅크(Jhon King Fairbank)는 『동양문화사』에서 '조선의 문이 열렸을 때 월남만큼도 준비가 안 된 이 은자(隱者)의 나라는 처음부터 당황하고 있었다'라고 기술하고 있다. 해방 68년을 맞이했지만 일본의 군국주의는 부활하고 있고 우리는 다시 당황하고 있다. 이해하기에는 너무 멀고 무시하기에는 너무 가까운 일본이 군사대국화의 길을 나서고 있다. 일본은 추한 과거를 기억하고 싶지 않겠지만 동남아는 그것을 잊지 않고 있다.

■ 2013.8

눈과 고귀한 눈물

프랑스 철학자 자크 데리다(Jacques Derrida)는 '보는 것이 눈의 본질이 아니라 눈물이 눈의 본질'이라고 말한 바 있는데 이것은 인간만이 눈물의 의미를 알 수 있다는 것이며, 한편으로는 서구 사유 체계에 대한 그의 반성일 수 있다. 사물을 본다는 것(見)은 사물의 겉면을 보이는 대로 보는 것이고 눈물을 흘린다는 것은 사물의 겉면 저 너머를 보고 듣는다는 것(觀)으로 유추해 볼 수 있다.

서구인들이 인간의 모든 감각 가운데 시각을 가장 중요한 감각으로 평가하고 이것을 이성적 판단의 토대로 삼아 왔는데, 왜 이제 그들은 냉정한 눈빛을 거두어들이고 눈물에 더 관심을 기울이고 있는가? 데리다는 루브르 박물관에 소장된 다 볼테라(Daniele da Volterra, 1509~66)의 「십자가 아래의 여인」에 주목한 적이 있었다. 처형당한 예수의 죽음 아래서 진정한 애도의 눈물을 흘리고 있는 여인의 모습이 인간의 자화상이 되어야 한다는 생각에서였을까?

데리다의 생각을 반추하기 위해 서구문화를 거칠게 정리하면, 고대 그리스 사람들은 듣는 것보다 보는 것을 통하여 삶을 이해하려 했다. 사막에서 하나님의 '말씀'을 듣는 히브리적 전통과는 달리 그리스 사람들은 보는 것을 통하여 철학과 예술을 발전시켰다. 그들이 조각, 연극, 기하학과 같은 '보이는 것'에 관심을 기울인 것은 환경과 무관하지 않다. 그들은 에게 해(Aegean sea)의 쪽빛 하늘과 흰색으로 빛나는 대리석 언덕을 바라보고, 이 환경을 경탄해 맞이했을 것이고 이것을 그대로 재현해보고 싶었을 것이다. 그래서 제임스 휘틀리(James Whitley)는 『고대 그리스의 고고학』에서 고대 그리스를 '이미지들의 문화'라고 규정하고 있다. 그들은 눈에 보이는 자연의 재현을 예술이라 생각했고, '미메시스'라는 모방론을 발전시킨다.

고대 그리스의 전통이 로마로 이어졌지만 중세 천년을 거치면서 신 중심 사회는 보는 문화를 무력화 시킨다. 즉 하나님의 '말씀'을 듣는 것과 이것의 표상인 음악이 강조되는 청각문화의 환경이 조성되었기 때문이다. 유럽 사람들은 이 시기를 '암흑기'라고 스스로 평가하며 르네상스라는 화려한 보는 문화를 재생시킨다. 그 후 유럽은 종교개혁, 산업혁명, 인쇄기구의 발명, 시민혁명 등을 통해 시각과 청각이 순위를 바꿔가며 오늘에 이르렀지만, 보는(見) 문화의 비교우위는 비약적으로 자연과학과 기술을 발전시켰고, 이제는 모두의 죽음을 예고하는 핵우산을 머리에 이고 살아가게 되었다.

과학과 기술의 발달은 삶을 풍요롭게 하였지만, 사람들은 돈을 벌기 위해 더욱 생산성에 박차를 가해야만 했다. 자본은 기계와 인간을 이용하여 끝없는 무한경쟁을 시도해왔고, 인간은 기계의 부속

품으로 전락하고 말았다. 하이데거(Martin Heidegger)같은 독일의 철학자는 과학기술문명에 거부반응을 보이며 인간존재의 근원적 문제에 철학적 관심을 기울였다. 그러나 더 많은 이익을 창출하기 위한 경쟁은 기술뿐 아니라 삶의 방식에도 적용되어 '신자유주의'라는 괴물을 낳고 말았다.

이러한 사회 작동 시스템 속에서 인간은 무한경쟁을 해야 하며 경쟁에서 뒤처진 사람은 도태되지 않을 수 없다. 자신을 소진해야 하는 '피로사회'에서 사람들은 심신의 힐링을 외치며 지나온 삶을 되돌아보게 된다. 그렇게 자신을 불태워 왔지만 갚아야 할 빚과 공허한 삶이 그들을 기다릴 뿐이다. 이것이 보는(見) 문화의 비교우위가 만들어낸 서구(우리)의 모습이기도 하다.

사물을 정복의 대상으로 삼고 타자를 배제하려는 눈빛은 한계성을 드러낸다. '인드라(Indra)'의 그물망처럼 타자와 연결될 때 개체도 그 관계 속에서 존재함을 잊지 말아야 한다. 그렇지 않을 때, 게임의 탈락자, 가지지 못한 자, 파괴된 환경의 반격이 시작될 뿐이다. 아직 인류의 종말이 유보되고 있는 것은 비정한 경쟁보다 타인의 고통에 진정으로 흘리는 눈물이 있기 때문일 것이다.

독일의 철학자 아도르노(Theodor Adorno)는 '희망은 . . . 망각된 것의 귀환'이라고 언급한 바 있다. '망각된 것의 귀환'은, 무한경쟁, 첨단 과학기술, 일부 영혼 없는 정치인들의 막말과 독설이 아니라 타인의 아픔에 진정으로 흘리는 고귀한 눈물이 아니겠는가?

■ 2013.7

포르투나(Fortuna)와 비르투(virtu)

많은 관광객들이 찾는 이탈리아 시에나 두오모(Duomo) 성당의 바닥에는 희귀한 그림이 대리석에 조각되어 있다. 행운·운명의 여신으로 상징되는 포르투나(Fortuna)다. 누드 차림의 이 여신은 왼손으로 돛대의 천을 붙들고, 오른손으로는 돛대의 밧줄을 움켜쥐고 있다. 여신의 왼쪽 발은 배(舟) 위에, 오른쪽 발은 육지에 올려놓아져 있어 바람이 불어오는 방향에 따라 바다나 육지에 도달할 수 있다.

이 조각은 그 시대의 시대정신(Zeitgeist)을 회화적으로 잘 표상하고 있다. 그 시대에 사람들은 자신의 삶이 어떤 힘에 의하여 조종되는 숙명적 존재라고 믿었다. 신의 섭리가 존재한다는 것이다. 동양에서 이미 사주팔자가 사람마다 주어져 있다는 믿음과 별반 다르지 않을 것이다.

16세기 이탈리아의 마키아벨리도 『군주론』의 끝부분에서 '세상 일이란 포르투나와 신의 뜻에 따라 결정되기 때문에, 인간이 아무리 머리를 쓴다 해도 이 세상의 진로 자체를 바꿀 수는 없다'고 포르투나의 힘을 인정한다. 그러면서도 그는 비르투(virtu)라는 인간의 의지를 강조한다. 포르투나에 의존해서는 이 세상에서 이룰 수 있는 일이 절반밖에 되지 않는다는 것이다. 비르투는 라틴어 'vir(man)'에서 유래한 말로 인간의 역량, 결단력, 용기, 탁월함 정도로 이해될 수 있는 단어이다. 즉, 복잡한 정치적 상황 속에서 행동을 취해야 할 시기와 지점을 잡아내는 것이 정치적 지혜의 핵심이라면 그것을 실행에 옮길 수 있는 '역량'이 비르투라는 것이다. 16세기 이탈리아의 상황은 그러한 지혜와 비르투가 부재했기 때문에 끊임없는 정치적 분열을 겪고 있다고 그는 판단했다.

비르투를 행하는 힘은 과단성 있는 결단에서 나온다. 마키아벨리는 '운명의 신은 여신이기 때문에 그 신을 정복하려면 난폭하게 다루어야 한다. 운명은 냉정한 생활태도를 지닌 자보다도, 이런 과단성 있는 사람에게 고분고분한 것 같다'라고 하면서 포르투나에 거칠고 대담하게 도전하라고 조언한다. 기독교의 전지전능한 신을 헬레니즘의 여신 정도로 격하시키고 있는 셈이다.

기원전 49년 로마의 혁명군을 이끌고 루비콘 강을 건너며 '주사위는 이미 던져졌다!'라고 주저 없이 운명과 맞서던 카이사르의 모습에서 마키아벨리는 진정한 비르투를 발견했는지 모른다. 생각만으로 세상은 바뀌지 않으며 행동으로 옮길 때는 그 안에 비르투(탁월함)가 있어야 한다는 것이다. 인간의 행동에 비르투가 빠져 있다면 이것은 용기가 아니라 만용에 불과할 것이다.

마키아벨리는 좋은 목적은 나쁜 수단을 써서라도 이루어내야 한다고 『군주론』에서 강조하고 있는데 이것은 그가 후일 우리가 알고 있는 '마키아벨리스트'로 오인하는 결과를 가져온다. 좋은 목적을 위해 좋은 수단을 사용하는 것이 당연하겠지만 정치적, 사회적 행동이 발생하는 공(公)적 공간 속에서는 나쁜 수단도 때에 따라서는 사용될 수 있다는 것이다. 그러나 마키아벨리는 『군주론』의 모든 문장에서 나쁜 수단을 사용하기 위해서는 '꼭 필요하다면'이라는 단서를 달고 있다. 정치는 결과가 중요하기 때문에 철저히 현실적 계산 위에 모든 수단이 사용되어져야 한다는 것이다. 좋은 목적을 위해 나쁜 수단을 사용하는 사람이 마키아벨리스트라고 가정한다면, 웬만해서는 마키아벨리스트 되기도 쉽지 않아 보인다. 때로는 나쁜 목적을 위해서 나쁜 수단을 사용하는 사람도 있기 때문이다. 우리의 정치사에서 비르투 없이 만용을 부린 전두환, 노태우 전 대통령을 마키아벨리스트라고 말할 수 있을까?

16세기 이탈리아에 살았던 마키아벨리가 쓴 『군주론』이 현재를 살아가는 우리에게 의미 있는 것은 그가 주장한 내용보다는 그가 던진 역설적 질문일 것이다. 군주는 국가의 존립을 위해서 꼭 필요할 경우에만 나쁜 수단도 고려해 볼 수 있다고 현실적 처방을 메디치 가문(家門)에 주문하고 있지만, 21세기 우리는, 나의 '삶의 궁극적 목적이 무엇인가?'로 되짚어 볼 수 있을 것이다.

행복인가? 부자인가? 통일인가? 그러기 위해서 우리가 현실에서 해야 할 일은? . . . 고전은 현실적 답을 주지 않고 근원에 대한 엄숙한 질문과 궁극의 자리를 관조(觀照)하게 한다. ■ 2013.7

마키아벨리와 독서

마키아벨리(Niccolò Machiavelli, 1469~1527)처럼 죽은 후에 다양한 평가를 받는 사람도 많지 않을 듯싶다. 일반적으로 마키아벨리하면 권모술수의 대가, 독재자를 위한 지침서를 쓴 사악한 정치이론가 정도로 기억된다. 그의 책 『군주론』 때문이다. 교황 바오로 4세도 이 책을 1559년에 금서목록으로 지정하여 읽지 못하도록 했다. 1569년 영국에서 발간된 영어사전에도 부정적 의미로 'Machiavellian'이라는 단어를 정의한 것으로 보아 유럽에서도 그를 '악당 원조' 격으로 취급했다. 그러나 그의 실제적 삶은 '마키아벨리적'이지 않았다.

마키아벨리가 16세기라는 시대의 인물이었다면 그에 대한 평가는 각 시대의 산물이다. 마키아벨리가 국왕을 가르치는 척하면서 실제로는 억압당하고 있는 국민들을 깨우치기 위하여 군주론을 썼다고 루소는 그를 긍정적으로 평가하고, 헤겔(Georg Wilhelm Friedrich Hegel, 1770~1831)은 피렌체(작은 도시국가)라는 죽기 직전의 환자를 특별한 비책으로 구하려는 그의 우국충정을 그 시대 속에서 이해해야 한다고 마키아벨리를 두둔한다. 20세기에 마르크스주의자인 루이 알튀세와 안토니오 그람시(Antonio Gramsci, 1891~1937)는 그가 특권계급에 맞서서 일반백성의 권리를 지키려고 했던 민중주의자이거나 진보적 사상가라는 평가를 내린다.

마키아벨리에 대한 후세의 평가가 어떻든 그의 삶은 지독한 가난과 싸우며 이것으로부터 벗어나기 위한 몸부림이었다. 그의 아버지 베르나르도는 세금미납자라는 '스페치오'로 살아가고 있었고, 산탄드레아라는 작은 마을에서 고전읽기로 세월을 보낸다. 호기심과 냉철함으로 눈을 반짝이던 아들 니콜로 마키아벨리도 어깨너머로 아버지가 읽던 리비우스(Titus Livius Patavinus)의 『로마사』를 읽고 또 읽어낸다. 철학자 마크로비우스, 천문학자 프톨레마이오스, 자연과학자 플리니우스, 아리스토텔레스 등의 책은 마키아벨리가 고향에서 읽었던 책이었고, 이를 통해 그는 세상의 이치와 권력의 속성을 꿰뚫어 볼 자양분을 흡수하게 된다.

그가 읽은 책과 공직생활의 경험은 『군주론』 곳곳에 등장한다. 이 책을 정확히 이해하기 위해서는 많은 고전과 리비우스(Titus Livius Patavinus)의 『로마사』에 대한 이해가 필요하다. 공직생활 중에도 그의 독서는 계속되었고, 어려울 때마다 선인들은 그의 멘토가 된다. 그가 피렌체 제2서기장(오늘날의 장ㆍ차관 정도)이라는 공직에 올라 15년 동안 국방과 외교의 업무를 총괄하면서도 책읽기는 계속된다. 외교적 담판을 지으러 프랑스에 출장 갈 때도 카이사르(Gaius Julius Caeser)의 『갈리아 원정기』를 읽었고, 체사레 보르자를 옆에서 관찰할 때도 플루타르코스의 『영웅전』을, 막시밀리

안 황제와 협상을 벌일 때 타키투스(Publius Cornelius Tacitus)의 『역사』를, 게르만인들의 특성을 파악할 때 타키투스의 『게르마니아』를, 그리고 교황의 권력이 극적으로 이양되는 것을 보면서 『로마사』를 또 다시 읽는다.

정권이 바뀌어 '날개꺾기'라는 모진 고문을 당할 때도 '조국에 대한 나의 충성은 나의 가난이 증명하고도 남는다'라고 '소크라테스의 변명'의 한 구절을 멋지게 패러디하고, 키케로(Marcus Tullius Cicero)의 『의무론』을 뒤집어 읽어 『군주론』에 '사자의 힘과 여우의 지혜'를 군주에게 제시하고 있다. 오랜 독서와 15년간의 정치경험이 『군주론』, 『로마사 논고』, 『전쟁술』을 쓰게 한다. 특히 『군주론』은 새로운 정권을 잡은 메디치 가문에게 자신을 다시 불러 달라는 일종의 취업 포트폴리오라 할 수 있다. 나를 불러주면 당신을 훌륭한 군주로 만들어 주겠다는 것이다. 그러나 메디치 가문이 그를 불러주지 않자 그는 『만드라골라』, 『클리지아』라는 코메디를 써서 메디치가에 저항하는 방법을 '웃음'에서 찾아내고 있다.

가난과 절망에 속에서도 마키아벨리는 웃음을 잃지 않으며 인생 말년에 쓴 「참회권유」라는 짧은 글에서 세상살이가 '한바탕 짧은 꿈'과 같다는 페트라르카(Francesco Petrarca)의 시를 인용한다. 이것은 독서와 파란만장한 공직을 통해 삶을 달관한 고승의 경지라 할만하다. 단순한 권모술수의 대가가 아니라 약자들의 대변인, 고전을 통해 삶의 지혜를 터득한 인문주의자로 그를 끌어 앉는다면 그에 대한 지나친 애정일까? ■ 2013.6

아낌없이 주는 나무

정신분석학자 라캉은 『에크리』에서 '인간의 욕망은 타자(他者)의 욕망'이라는 말을 반복한다. 이것은 '나'(我)라고 하는 정체성(identity)이 나인 것 같지만 다른 사람의 욕망이 자리 잡아 내가 되었다는 것이다. 인간이 태어나기 전부터 존재해온 삶의 세계를 엄마가 아이에게 전달해 주었기 때문이다. 말 못하는 아이는 엄마를 짝사랑하지만 이 사랑도 잠시, 아이는 말을 배우며 엄마를 떠나 '아버지의 세계'인 세상살이로 발걸음을 옮겨가야 한다.

오이디푸스 콤플렉스를 겪으며, 다시는 그 세계로 되돌아 갈 수 없다. 그래서 질서의 세계인 '아버지라는 세계'(도덕, 질서, 관습의 세계)와 '어머니의 세계'(본능적 세계) 사이는 영원히 좁혀질 수 없는 커다란 간극이 존재한다. 어머니의 따뜻했던 가슴은 억압되어 무의식에 저장되어야 한다. 그래서 욕망은 결핍에서 출발한다.

우리는 깜짝 놀랄 때 '엄마야!' 소리를 지른다. 위급할 때, 힘들 때, 나를 보호해주던 어머니(상징적 의미)의 품이 그립기 때문이다. 어머니는 한 인간이 태어나 죽을 때까지 보이지 않는 탯줄로 연결된 존재이다. 직장에 다니는 엄마가 아침에 출근하고 저녁에 돌아오는 일은 엄마에게 일상이지만, 젖먹이 아이에게는 공포의 시간인지도 모른다. 프로이트가 18개월짜리 손자를 관찰한 'fort(저기)-da(여기)' 놀이(엄마가 출퇴근하는 불안감을 실패에 실을 감았다 풀었다하며 불안을 해소하는 놀이)도 엄마가 없는 두려움의 극복 과정을 보여준다. 엄마의 부재는 아이에게 공포나 다름없다. 엄마는 아이가 올라가 그네도 타고, 숨바꼭질도 하는 커다란 나무다.

우연한 기회에 쉘 실버스타인(Shel Silverstein)의 『아낌없이 주는 나무』(*The Giving Tree*)를 다시 읽었다. 초등학교 2~3학년 즈음에 읽는 동화가 다른 의미로 다가온다. 옛날에 나무 한그루와 사랑하는 소년이 있었다. 소년은 주워 모은 나뭇잎으로 왕관을 만들어 쓰고, 숲속의 왕자 노릇을 한다. 그러나 소년은 나이가 들어 나무 곁을 떠나 한동안 나무에게로 돌아오지 않는다. 아이는 나무에 올라가 놀기에 너무 성장해 버렸기 때문이다. 소년은 나무에게 신나게 놀아야 하니 돈을 줄 수 없느냐고 묻자, 나무는 돈이 없으니 사과를 따다 시장에 내다 팔아 쓰라고 한다. 소년은 나무위로 올라가 사과를 딴 후 나무로부터 멀리 가버린다. 그러나 오랜 세월 소년은 돌아오지 않고, 나무는 너무 슬프기만 하다. 그러던 어느 날 소년은 돌아와 기쁨에 넘쳐 나무에게 아내와 아이들이 있으니 집 살돈이, 여행 떠날 배가 필요하다고 말한다. 소년은 나무를 잘라 배 한척을 만들어 먼 여행을 떠난다. 세월이 흘러 노인이 된 소년은 나무에게 돌아와 난 이제 이가 빠져 사과도 먹을 수 없고, 그네도 탈 수 없다고 말하자 나무는 안간힘을 다해 잘려나간 밑동을 내밀면서 "얘야, 이리 와서 앉으렴. 앉아서 쉬도록 해"라며 그래도 행복해 한다.

어릴 때 소년의 흔들림 없는 우주였고 언제나 올라가 쉴 수 있으리라 믿었던 '아낌없이 주는 나무'도 세월을 이기지 못한다. 그 무성했던 나뭇잎도 하나 둘 떨어지고 가지도 앙상해져 간다. 강렬했던 눈빛도, 목소리도 힘을 잃어간다. 나무열매와 가지와 줄기를 팔아 여행을 다녀온 소년처럼 우리는 나무 밑동에 걸터앉아 세월의 무상함에 젖어들기도 한다. 어릴 때 세상의 전부였고 당신 없이는 이 세상을 살아간다는 것이 불가능해 보였던 '어머니'가 양로원에서 힘겨운 눈빛으로 나를 바라보신다. 나는 『아낌없이 주는 나무』에 나오는 소년 같다. 누구나 늙음은 겉으로는 막대기에 걸쳐놓은 허수아비 같을 수 있다.

20세기 영국시인 예이츠(W.B. Yeats)는 「비잔티움 항해」(Sailing to Byzantium)에서 삶이, '서로 팔을 껴 앉고, 즐거워하고, 새들은 나무에서 노래 부르고, 산란기가 되면 연어는 폭포를 오르고, 고등어는 떼를 짓다가 . . . 막대기에 누더기를 걸쳐놓은 허수아비 같은 존재'로 변해가는 것과 다를 바 없다고 말한다. 인생이 유한하니 예이츠는 영원함으로 여행을 떠나 보자고 노래한다. 누구나 짧은 생을 살 수밖에 없기에 영생불사를 추구한다.

그러나 인간을 포함한 삼라만상은 생성, 변화, 소멸의 과정을 거쳐 간다. 세상이 바뀌어도 이 과정은 무변(無變)할 것이다. 어릴 때 큰 나무였고 우주였던 부모님도 세월을 비켜가지 못한다. 나무의 왕자 노릇을 했던 소년은 귀밑머리에 하얀 서리가 내리고서야 허수아비 같은 어머니의 종아리를 붙들고 지난 세월을 더듬어 본다. 저 멀리서 남치마를 입은 젊은 날의 엄마가 '얘야 이리 온' 손짓하며 달려오시는 듯하다. 5월, 어버이날, 어머니가 계신 노인병원의 창밖에는, 봄비에 젖은 꽃잎이 바람에 바르르 떨고 있었다.

■ 2013.5

환상과
유토피아

현실에 만족을 느끼는 사람은 새로운 세계를 꿈꾸지 않는다. 지금 먹는 사탕이 제일 맛있을 것이라는 생각에서다. 그러나 대개의 경우 인간은 주어진 현실에서 만족을 느끼지 못하고 내일에서 무엇인가가 이루어질 수 있으리라는 희망을 찾는다. 오늘보다는 내일이 더 좋아질 수 있다는 믿음이 있을 때 삶은 지속가능하다. 희망은 미래에서 무이자로 빌려오는 거래다. '아직 이루어지지 않은 가능성을 기대하고, 희망하며 그리고 그것을 지향하는 것'이 인간 의식의 기본 형태라고 블로흐(E. Bloch)도 『희망의 원리』에서 말하고 있다.

『광장』의 작가 최인훈은 어느 강연회에서 자신의 글쓰기 특징은 '환상성'이라고 말한 바 있다. 현실에서 이루어 질 수 없는 그 무엇을 상정하여 그것을 이루어 보려는 보이지 않는 힘이 소설쓰기의 원천이었다는 것이다. 밋밋한 현실 속에서 무엇인가 짜릿한 순간이 환상(幻想)이며 그 환상은 우리에게 빛의 속도로 왔다가 사라진다. 순간이지만, 그 환상이 삶을 지속 가능하게 하는 리비도

(Libido)인지도 모른다. 젊은 날의 폭넓은 지적(知的) 오만은 우리의 환상을 풍요롭게 하기도 한다. 그러나 노름꾼은 쓰리고에 5광의 대박을 잊지 못해 그 일그러진 환상을 연장하고 싶어 한다. 그 환상에서 현실로 돌아오는 속도가 정확하고 빠르지 않을 때 '저 놈은 돌았나봐!'라는 소리를 듣게 마련이다.

그러나 길게 볼 때 환상이 일그러졌는지 아닌지는 세월이 판단할 일이며, 당대와 불화하면서 자신의 환상세계를 그려낸 역사 속의 인물을 만나보는 것도 혼란한 시대에 '불편한 위안'을 삼아볼 수 있는 방편이 될 수 있다. "어떤 사람에게는 눈앞의 보자기만한 시간이 현재이지만 어떤 사람에게는 조선시대 노비들이 당했던 고통도 현재이다. 미학적이건 정치적이건 한 사람이 지닌 감수성의 질은 그 사람의 현재가 얼마나 두터우냐에 따라 가늠될 것 같다"(≪한겨레신문≫ 2009.7.18)는 황현산의 말은, 현재를 바라보는 관점이 그 사람의 깊이와 넓이와 관련되어 있음을 에둘러 표현한 것이라 할 수 있다. 깊고 넓은 시선은 동굴의 우상(偶像)에서 우리를 벗어나게 해준다. 타인과 견주어 나의 환상이 일그러졌는지 아닌지도 그 속에서 가능하다.

『유토피아』의 작가 토마스 모어는 영국에서 일인지하 만인지상의 자리에 오른 인물이다. 27세 하원의원, 42세 재무차관, 44세에 하원의장을 지내고 처형되기 전 3년 동안 대법관의 자리에 올랐는데 그 당시 영국의 대법관은 오늘날 총리에 해당하는 자리였다. 그의 이력에서 알 수 있듯 헨리8세 치하에서 부귀영화를 누려 왔으면서도 말년에 처형당하는 수모는 자신의 '환상성'을 버리지 않았기 때문이다. 모어는 젊은 날 수도원 생활을 4년 정도 했는데 청빈한 그 곳의 삶이 그의 정신세계를 지배하였다. 그가 『유토피아』라는 소설을 써서 사유재산제도의 철폐를 그려 낸 것도 젊은 날의 체험과 무관하지 않다. 농민들이 토지를 빼앗기고 도시의 노동자로 전락해 가는 것을 바라보면서 모어는 인간의 무한한 욕망이 영국의 '인클로저 운동'을 가져왔고, 이에 대해 저항하는 것이야말로 농민의 실업과 빈곤층의 증가를 막는 일이라 생각했을 것이다.

헨리 8세가 여러 번 이혼을 하고, 영국국교회를 만들어 정치와 종교의 수장이 되려하자 모어는 모든 공직에서 사퇴하고 침묵으로 일관한다. 그러나 유럽을 들었다 놓았다 할 정도로 '도덕적 무게'가 실려 있던 인물이었으므로 헨리 8세는 영국의 새로운 질서에 대한 강력한 저항으로 그의 침묵을 받아들인다. 그러자 모어는 '나는 오직 하나님에게만 충실하고 그 의지에 따라 행동할 뿐 이 문제(왕의 결혼)에 대해서는 개입하고 싶지 않다. . . . 나의 침묵을 처벌할 수 없다'고 강변했지만 결국 형장의 이슬로 사라졌다. 그의 죽음을 통해, 나 자신의 양심에 위배되는 일을 하지 않을 자유는 단지 내 마음의 문제가 아니라 '인간의 권리'라고 하는 서구 사상의 초석이 된다. 나 자신의 인간적 존엄을 지키기 위해 외적 압력이 커질수록 모어는 내면세계를 더욱 공고히 한다. 왕에게 굴복하라는 회유에도, 갇혀 있던 런던탑이 천당에 더욱 가깝다며 끝내 거부한다.

『유토피아』에서 모어는 그 당시 영국과는 다른 세상을 그렸지만, 그것은 '이상국가에 이르는 구체적인 길을 명시하는데 있다기보다는 현실국가에 대한 문제제기와 비판을 통해 바람직한 사회로의 진입 노력을 지속하도록 촉구하는 데 있다'라는 평가가 더 적절할 것 같다. 모어가 유토피아를 꿈꾸는 상상력의 진원지는 불만족스런 현실이었으며, 현실에 대한 인식이 '깜짝쇼'와 같은 일회적 이벤트가 아니라 현실에 대한 정확한 분석과 올바른 비판, 풍부한 상상력과 실천의지가 필수적임을 『유토피아』에서 보여주고 있다.

모어는 그리스도교적 수도원의 이상을 고수하면서 절대주의라는 새로운 통치형태에 반대하는, 즉 중세적 신앙과 근대적 이성이 길항(拮抗)하고 삼투(滲透)하면서 빚어낸 환상의 세계를 구축하려고 시대와 불화하면서 목숨을 내놓았다. 그러나 누군가는 아직도 그의 『유토피아』를 읽으며 새로운 세상을 꿈꾸어 본다. 1534년 〈왕위계승법〉에 서명하라고 모어를 궁지에 몰아넣었던 리치라는 인물은 헨리 8세에 영합했지만 그도 곧 형장의 이슬로 흔적 없이 사라졌다.

현실과 유토피아는 우리의 삶속에서 늘 길항한다. 환상이라는 모양새를 현재 속에서 어떻게 그릴 것인가는 자신의 세계관이다. 인간은 대개 자기의 환상을 실현하며 살아간다. 환상이라는 희망마저 없는 사회에서 인간은 자살이라는 극단적 출구를 찾는다. '하우스푸어'(house-poor)보다 '호프리스'(hope-less)가 더 무섭다. 시대와 불화하며 자신만의 고집스런 환상의 세계를 그려내는 사람은 당대에 불행했지만 때로는 뒷사람의 등불이 되기도 한다. 세계사적 개인은 위대하나 행복하지 않았다는 헤겔의 말이 스쳐간다.

■ 2014.4

오페라 이야기

오페라의 역사에서 빛나는 두 거장 주세페 베르디(Giuseppe Fortunino Francesco Verdi, 1813~1901)와 리하르트 바그너(Wilhelm Richard Wagner, 1813~1883)가 1813년에 태어났으니 올해가 그들의 탄생 200주년이 되는 해다. 이를 기념하기 위해 국내뿐만 아니라 세계 유명 오페라극장들이 그들의 작품을 무대에 올리기 분주하다. 국내에서 잘 공연되지 않았던 바그너 작품들도 선보일 예정이라고 하니 오페라를 사랑하는 사람들은 호사를 누릴 듯싶다. 그러나 오페라를 이해하기에 쉽지 않을 뿐더러 입장료도 만만치 않아 오페라 극장으로 향하는 발길은 가볍지 않다.

오페라가 1600년경 이탈리아의 피렌체에서 처음 만들어졌을 때 음악을 위한 예술이 아니라 연극을 위한 실험예술이었다. 중세 천년의 예술 암흑기를 지나오면서 피렌체 르네상스인들은 고대 그리스 연극을 되살리려 했고 몇몇 귀족과 문인, 예술가들이 요즘의 스터디그룹을 만들어 고대 그리스 비극을 작은 방에서 공부하기 시작했는데 그 모임을 〈카메라타〉(Camera, 작은방)라 불렀다. 이들은 신을 찬양하는 성극(聖劇), 수난극(受難劇) 같은 종교극에서 벗어나 인간의 삶을 다루는 고대 그리스 비극을 부활시켜 종합예술로 재탄생 시키려는 포부를 갖고 있었다. 카메라타에서 습작들을 하나, 둘 만들어 작품이라는 뜻의 OPUS에 1, 2, 3으로 번호를 붙여 나갔는데 이것이 '오페라'라는 단어의 유래가 되었다.

최초의 오페라는 「다프네」이지만 악보가 현존하는 가장 오래된 작품은 「에우리디체」다. 미와 덕성의 상징인 에우리디체는 그리스 신화에 나오는 오르페우스의 아내다. 오르페우스는 열정적인 남편이자 연인으로 사랑하는 사람을 지옥에서라도 구출하려는 인물이니 그 당시 대중들에게 상당히 감동을 줄 수 있는 유형의 인물이었다. 이 당시의 오페라는 오르페우스처럼 그리스 신화 속의 주인공, 전설 속의 영웅을 소재로 삼았는데 이것은 오페라를 제작할 때 자본을 제공했던 귀족들이 자신들은 오페라 속의 영웅들과 비슷한 인물이라는 신분과시의 속셈이 들어있다. 왕과 귀족들은 오페라를 구경하는 평민들에게 자신들은 오페라 속의 헤라클레스 같은 존재이니 너희들과는 근본이 다르다는 것을 보여주고 싶었다.

『오페라의 두 번째 죽음』(슬라보예 지젝 · 믈라덴 돌라르 공저)에서 돌라르는 '오페라는 절대주의의 축소 모형이며, 절대주의의 집에서 자란 절대주의의 환상'이라고 언급한다. 별로 볼 것이 없던 그 당시, 평민들은 귀족들의 성곽에서 가끔 베풀던 연회의 흥미진진한(그 당시에는) 환상세계를 다시 보고 싶어 했고 수공업으로 자본을 축적한 사람들은 평민들이 좋아하는 오페라를 무대에 올려 돈을 벌어보려 했다. 자본가들이 1637년 세계 최초의 오페라극장을 열었으니 돈을 내면 마음대로 오페라를 구경할 수 있는 시대가 열린 것이다.

오페라가 만들어진 1600년 이후 150년 정도를 바로크(baroque) 시대라고 부르는데 이 단어의 의미는 포르투갈어 '일그러진 진주'(barrocco)에서 왔다. 이것은 작곡가들에게는 앞선 시대의 조화와 균제 같은 이전 시대정신과의 결별, 일탈을 의미한다. 바로크 시대는 신화나 전설에 등장하는 진지한(serious) 내용이 들어 있는 '오페라 세리아'(opera seria)의 시대인데 연기는 과장되었으며 무대장치로 귀족들의 신분과 품위를 과시하는 허장성세가 주를 이룬다. 귀족들은 말발굽 모양의 오페라극장 2층이나 3층을 요즘의 콘도 회원권처럼 구입하여, 오페라를 보러갈 때 그곳을 촛불로 장식하기도 했는데 돈 많은 귀족은 조그만 자기 코너를 1,000여개의 촛불로 장식하여 부를 과시하기도 했다.

요즘 VIP석이라고 할 수 있는 1층은 평민들을 위한 소박한 의자가 놓이거나 서서보는 일반석이었다. 오페라극장의 실내는 소란스러웠고 잡담은 물론 심지어 술을 마시는 경우도 많았다고 한다. 이 당시 관객들은 오페라의 내용보다는 가수의 목소리와 현란한 기교에 관심을 기울였다. '여자들은 교회에서 말할 자격이 없다'라는 성서의 기록으로 인해 무대에서는 변성기 이전의 거세된 사내아이였던 '카스트라토'(castrato)가 인기를 끌었다. 유명한 카스트라토의 개런티가 요즘 인기 있는 아이돌그룹 이상이어서 가난한 부모들이 너도나도 사내아이의 고환을 제거하기도 했다. 그러나 성공한 카스트라토는 수명에 불과했다니 부모들의 욕심이 예나 지금이나 자식을 망쳐놓기는 비슷해 보인다.

바로코 시대의 오페라 세리아들은 길이가 길고 멜로디가 반복되는 '다 카포'(Da capo)의 형식을 이루고 있어서 점점 지루해졌고, 신화나 영웅의 이야기보다는 요즘의 막장 드라마 주제 같은 스토리를 관객이 원하고 있어 오페라 중간에 '인테르메초'(Intermezzo)라는 막간극을 끼워 넣었더니 심지어 이것을 보기 위해서 오는 관객도 많았다. 일본 연극 가부키나 중국의 경극도 길고 지루하여 중간에 막간극을 삽입 한다. 막간극에 대한 관객의 호응이 높아지자 더 많은 관객을 끌어 모아 돈을 벌기 위해 이것을 하나의 작품으로 무대에 올렸으니 '오페라 부파'(buffa)의 출생비밀에 해당되는 셈이다. 부파는 이탈리아어로 웃긴다는 의미이니 권위에 대한 비웃음을 용납하지 않았던 중세와 바로크 전기시대를 뛰어 넘는 '웃음의 승리'라 할 수 있다. 로시니(Gioacchino Antonio Rossini)의 「세비야의 이발사」가 여기에 해당되지 않을까 싶다.

뒤이은 18세기 말 19세기 초에 유행한 오페라를 '벨 칸토(bel canto) 오페라'라고 하는데 이 단어는 아름다운(bel) 노래(canto)라는 뜻이다. 이 시대의 오페라는 등장인물의 성격이나 극의 갈등 구조보다는 성악가 개개인의 음악적 재능과 테크닉에 의존했기 때문에 성악가의 목소리와 기교가 가장 중요한 요소였다. 그러나 1842년 베르디의 오페라 「나부코」가 대성공을 거두면서부터는 오페라에서 음악 못지않게 연극적 요소들이 중시되는 새로운 오페라 시대가 열리게 된다.

베르디는 이탈리아 파르마 지방의 부세토에서 태어나 26편의 오페라를 발표했는데 처음과 마지막 작품을 제외하고는 모두 비극이었다. 부인과 아이들이 몇 년 만에 모두 죽는 아픔을 겪었지만 이를 극복하고 훌륭한 오페라들을 발표하여 국민의 추앙을 받았고 잠시 국회의원이 되기도 했다. 유로화로 통일되기 전 이탈리아의 화폐에 그의 초상화가 그려져 있었고 지금도 이탈리아 대도시에서 그의 동상을 볼 수 있다. 그는 목소리와 기교를 중시하는 벨칸토 오페라를 연극적 요소가 중시되는 이탈리아 오페라로 탈바꿈시켰다.

그는 고전작품과 동시대 작가들의 문학작품들을 섭렵하여 그의 대표작들은 셰익스피어의 『맥베스』, 『오텔로』, 빅토르 위고(Victor-Marie Hugo)의 『리골레토』, 알렉상드로 뒤마(Alexandre Dumas) 2세의 『라 트라비아타』같은 문호들의 작품에서 소재를 구했고, 고대 이집트 『아이다』, 기원전 바빌로니아 『나부코』, 중세의 마녀사냥 『일 트로바토레』같은 다양한 역사적 배경을 오페라의 무대로 삼았다. 그러나 그의 오페라에서 역사적 배경은 그다지 중요하지 않고 언제나 운명의 삼각관계, 아버지와 딸의 소통문제 등과 같은 주제를 다루는 '주관성의 비극'이었다. 베르디가 역사보다는 개인의 심리와 인물간의 관계에 초점을 맞춘 것은 개인적으로 처절한 고통을 겪었던 베르디의 '운명의 힘' 덕분인지도 모른다.

바그너와 베르디는 알프스 산맥 이쪽과 저쪽에서 늘 경쟁관계에 있었다. 이탈리아어는 모음들이 구강의 앞쪽에서 발음되기 때문에 경쾌하게 들리지만 독일어는 구강의 뒤쪽에서 ㅋ, ㅌ, ㅍ과 같은 격음들이 많아 노래로 듣기에는 거북하다. 이탈리아어에 음정을 붙이면 노래가 되지만 독일어는 그렇지 않다. 「겨울 나그네」, 「보리수」같은 주옥같은 가곡은 독일 시인들이 일부러 아름답게 들리도록 쓴 시들에 해당한다.

바그너는 오페라에서 언어로 살릴 수 없는 부분은 음악을 통해 극적효과를 살렸으니 바그너의 명민함이 드러난 경우라 할 수 있다. 민족주의적 경향을 보였던 바그너는 이탈리아 단어인 오페라라는 말 대신 '악극'(Musikdrama)이라는 독일어를 후기 오페라에 붙였다. 『방황하는 네덜란드인』같은 작품에서 빰바밤~ 빰바밤~ 하고 울리는 음악이 여러 번 반복되고 그때마다 유령선이 나타나는데 바로 이런 역할을 하는 기법이 '라이트 모티프'(Leit-motiv, 유도동기)다. 이런 라이트 모티프는 현재 할리우드 영화에서 주로 이용되기도 한다.

그는 음악에서 천재성을 보여 주었지만 남의 돈을 빌린 후 갚지 않고, 많은 여자들과 심란한 관계를 유지하여 '괴물'이라는 비난을 받았고, 드레스덴 혁명에 참여하여 스위스로 망명하기도 했다. 히틀러는 그의 음악을 나치의 정치 행사에 종종 이용하였다. 히틀러는 『방황하는 네덜란드인』에 나오는 선원들의 합창, 『탄호이저』에 나오는 노래경연전당의 트럼펫소리, 전쟁의 여신인 '발퀴레'의 출정 장면을 특히 좋아했다고 한다. 특히 『탄호이저』의 마지막 부분에 '하이힐'하며 영주(領主)의 안녕을 기원하는 부분이 '하이-히틀러'하며 손을 번쩍 드는 히틀러의 집회장면과 절묘하게 부합되어 히틀러의 교묘한 선동성을 읽게 해준다. 니체가 젊은 시절 바그너를 좋아하기도 했지만 반유태주의적이고 기독교적 회귀에 집착하는 그와 갈등을 빚고 결국 비판하고 말았다.

바그너는 『로엔그린』에서 민족주의적 경향을, 『니벨룽의 반지』에서는 사회주의적인 요소를 강하게 표출하데 이것은 돈과 여자 이외에 사상 면에서도 심란함을 보여준 예가 아닐까 싶다. 2차 세계대전 이후 그의 음악이 독일과 이스라엘에서 한동안 연주되지 않은 것은 그의 음악이 수준이하 이어서가 아니라 히틀러를 통한 두 민족의 아픈 '문화적 기억'• 때문이 아닐까 싶다.

베르디와 바그너의 치열한 삶의 궤적들이 작품으로 남아 오페라 애호가들에게 즐거움을 선사하지만, 호사를 누리기 위해서는 관객의 지적배경(신화와 전설 등)이 요청된다. 때로는 그들이 겪었던 삶의 여정도 작품 이해에 필요하기도 하다. 바그너의 작품에는 남자에게 물질적, 정신적으로 헌신하는 여자의 모습이 줄곧 등장하는 것으로 보아 평탄하지 못했던 가정의 아픔이 역설적으로 작품 속에 반영되고 있지 않나 싶어 연민의 정마저 느껴진다. 가난한 현실과 가정의 비극 속에서 때로는 몸부림치며 빚어냈던 그들의 에너지 덩어리들을 만나러, 올해 한번쯤 오페라 극장을 찾는 것도 그들의 탄생 200주년을 맞이하여 유익할 듯하다. ■ 2013.2

• 고대 이집트 문명을 전공한 독일의 문화학자 얀 아스만(Jan Assmann)의 용어

시인의 언어

서화언향(書花言香: 글은 꽃이고 말은 향기다), 누구의 책에서 인용된 것인지 알 수 없지만 마음속에 간직하고 싶은 구절이다. 그러나 글을 꽃처럼, 말을 향기롭게 사용한다는 것은 우리에게 많은 내공을 요구한다. 부부싸움뿐만 아니라 세상사 많은 일들의 밑면을 찬찬히 들여다보면 사소한 말에서 다툼이 시작됨을 알 수 있다. 언어가 말하는 사람의 품격을 나타낸다.

철학자 하이데거(Martin Heidegger)는 '언어는 존재의 집'이라는 말을 남겼다. 언어 이외에 자신을 표현할 다른 방법이 없기 때문일 것이다. 타인을 공격하기 위한 독한 말이나, 적절하지 못한 말, 무심코 던진 말로 타인의 가슴을 아프게 할 때 그것은 메아리처럼 되돌아와 나에게 설화(舌禍)를 남긴다. 그래서 타인은 항상 나의 언어를 바라보고 있는 신의 대리자인지도 모른다. 어느 수도원에 '침묵보다 나은 말이 있으면 하라'는 표어를 붙여 놓았더니 말을 거는 사람이 거의 없었다고 한다. 철학자 비트겐슈타인(Ludwig Wittgenstein)의 말을 조금 비틀어보면, 말할 필요가 없을 때 침묵

하는 것보다 더 나은 방편이 없기 때문일 것이다.

일상에서 아름다운 언어를 사용하려는 노력은 시인이 좋은 시를 생산하는 과정과 다르지 않다. 적확(的確)한 언어를 쓰려는 고통은 원고지 앞에 앉아 있을 때 절절하다. 참신한 언어가 준비되어 있지 않을 때 원고지는 공포로 다가온다. 몇 줄의 일기도 써내려가기가 때로는 버겁지 않은가? 미국의 저명한 문학비평가 헤롤드 블룸(Harold Bloom)은, '강한 시인'(strong poet)이 되기 위해서, 선배 시인들의 지적 전통을 습득하고 그 위에 나만의 시세계를 창조해야 한다는 '시적 영향의 불안' 속에, 시인들이 살아간다고 말한바 있다. 선배시인의 그늘을 벗어나야 강한 시인으로 살아남을 수 있다고 시인의 상황을 표현한 말이다. 강한 시인의 시적 표현은 아직 남들이 사용하지 않은 '낯선' 것이어야 한다. 진부한 표현과 생경(生硬)한 언어는 시적 효과를 나타내지 못하기 때문이다. 연마되지 않은 언어의 남발은 작은 망치를 사용할 때 큰 해머를 사용하는 것과 다를 바 없다.

필요에 따라 알맞은 공구를 사용하여 고장 난 물건을 척척 고치는 장인(匠人)의 모습은 보기만 하여도 아름답다. 장인이 되기 위해서는 수백 가지의 공구 사용법을 오랫동안 익히고, 나만의 공구도 필요에 따라 만들어내야 한다. 나의 언어로 나만의 세계를 만들어 갈 때 그는 비로소 시인의 지위를 얻는다. 시 쓰는 과정이 고통스러워 남의 표현을 슬쩍슬쩍 가져올 때, 타인이 사용한 주제를 여과 없이 그대로 차용할 때, 시적변용(詩的變容) 없이 진부한 표현을 사용할 때, 그는 시인의 자리를 잃는다. 시인이 언어를 벼리는 대장장이라는 사실을 잊어버리면 詩人이 아니라 時人이 된다. 대장간의 뜨거운 신산(辛酸) 속에서 시인의 언어는 탄생한다. 가끔 몇몇 대학교수들이 논문을 표절하여 사회의 물의를 일으키는 것도, 곤궁한 시인이 앞선 유명 시인의 표현을 자기 시에 도용하는 것과 다르지 않다.

창조적 글쓰기는 시인(창조적 행위를 하는 모든 사람들)의 생명이다. 일상적 언어와 이미 신선함이 사라진 언어로 쓰여 진 시는 감동을 주지 못한다. 강한 시인으로 존재하기 위해서는, 모든 시인은 먼저 끊임없는 언어의 조탁(彫琢)에 관심을 기울여야 한다. 단어가 문장을 만들고 문장이 단락을 이루어 글을 형성하기 때문이다.

강한 시인이 되는 일은, 앞선 시인들의 시 세계를 뛰어넘어 그들의 표현을 하나하나 익혀가는 일이다. 즉, 우리는 모두 세상사를 배워가며 새로운 언어를 벼리는 시인이다. 개구리처럼, 개굴개굴 반복하는 일상의 언어에서 벗어나 멋진 말, 좋은 글을 사용하기 위해서는 먼저 동서양의 좋은 책들을 많이 읽어야한다. 어린 시절부터 들어온 이 말이 반복되는 이유는 고전에 문자언어의 진수가 들어 있기 때문이다. 동서양의 훌륭한 고전은 인류가 고뇌한 훌륭한 지적 표현의 선물이다. 이러한 표현들이 내재화 된 사람들은 글을 쓸 때뿐만 아니라 말 할 때도 문자를 쓰는 것처럼 말한다고 월터 J. 옹(Walter J. Ong)은 『구술문화와 문자문화』에서 밝히고 있다.

출판된 문자언어에 인류의 고뇌가 들어있고 세련된 표현이 녹아 있기 때문이다.

일상 언어로는 새로운 세계를 묘사할 수가 없다. 엄마 아빠 그리고 이웃의 개굴개굴 소리만 들은 개구리는 똑 같은 소리로 엄마 아빠, 이웃을 흉내 낼 뿐이다. 교류분석(Transactional Analysis: TA)의 창안자이자 정신의학자였던 에릭 번은 사람은 누구나 왕자와 공주로 태어나지만 그들의 부모가 입을 맞추어 부모와 비슷한 개구리로 변하게 된다고 말하고 있다.

개구리에서 벗어나, 글을 꽃처럼 말을 향기롭게(書花言香) 사용한다는 것은 쉽지 않은 일이다. "아무리 타고난 사람이라도 글 잘 쓰는 법을 하루아침에 익힐 수 없다"는 장자크 루소의 오래된 이 말은 아직도 지당한 말씀으로 들린다. 말과 글을 훈련하지 않고서는 개구리 신세를 면하기 어렵기 때문이다. 그래서 말 빚, 글 빚 적게 남겨놓는 일은 도 닦는 일과도 무관하지 않아 보인다. 언어가 그 사람이다. ■ 2013.1

힐링과
정치

인간은 사회를 구성하여 서로 영향을 주고받으며 살아가는 사회적 동물이다. 인간의 욕망과 욕구가 사회에서 빈번하게 좌절될 때 그 사회는 병리적 징후를 드러낸다. 2012년 우리 사회의 두드러진 특징 중 하나는 힐링이었다. 마음의 상처를 받은 사람들이 잠시 발걸음을 멈추어 서서 마음의 치유를 찾아 나선 셈이다.

세상이 변할 기미를 보이지 않으니 차라리 내가 변하는 것이 낫겠다는 생각에서였다. SBS의 「힐링캠프, 기쁘지 아니한가」에 유명인사들이 출연하여 마음에 숨겨 두었던 공황장애, 사업실패, 동료와의 불화, 우울증 등을 담담하게 털어 놓아 시청자들의 동감을 얻어냈다. 또한 『멈추면, 비로소 보이는 것들』, 『달팽이가 느려도 늦지 않다』 같은 스님의 책들은 지쳐 있는 사람들의 마음을 위로하기도 했다.

우리사회는 왜 마음의 치유에 많은 관심을 드러냈을까? 자살률은 몇 년째 세계 1위를 달리고 있고, 스스로 행복하다고 느끼는 사람이 적은 것일까? 2010년 한 해 동안 정신질환으로 인한 사회 경제적 비용이 국내 총생산(GDP)의 2.01%에 해당하는 23조원에 이른다고 삼성경제연구소는 추정했고, 2012년 12월 국민 행복지수는 세계 97위에 머무르고 있다. 먹고사는 일이 해결되면 행복감도 증가해야 할 텐데 그러하지 않은 것은 '이스털린의 역설'(Easterlin's Paradox)(소득이 증가해도 기본적인 욕구가 충족되면 행복에 큰 영향을 끼치지 않는다는 내용)로 설명될 수 있을까?

많은 사람들이 우울하다고 느끼고 자살을 택하는 사회를 찬찬히 들여다보면 그 사회의 구조적 문제점을 발견하게 된다. 1997년 IMF이후 우리사회는 소위 신자유주의라는 무한 경쟁 시스템을 받아들이지 않을 수 없었다. 의자 9개를 놓고 10명이 경쟁하여 1명을 탈락시키는 의자 놀이를 말한다. 이 게임이 무한 반복될 때 의자는 1개만 남을 것이며 게임의 참가자는 모두 '루저, 잉여인간, 찌질이'로 추락하지 않을까 불안감에 휩싸인다.

「나는 가수다」와 같은 프로그램에 참가한 가수는 탈락하지 않으려고 혼신의 힘을 다하고, 살아남는다 해도 1주일 뒤에는 원점에서 다시 게임을 시작해야한다. 이러한 시스템이 사회전반에 적용되어 무한 반복될 때 사회구성원은 충전과 방전을 반복하다 소진(burn-out)상태에 이를 것이고, 학자들은 이러한 사회를 '피로사회'(한병철, 독일 카를스루에 조형예술대학교수), '날 선 사회'라고 이름 붙인다.

신경질적이고 예민한 '날 선 사회'에서는 사회적 유대관계가 깨지고 불안감이 높아진다. 고슴도치처럼 잔뜩 날 선 사람들은 서로를 자극하지 않으려고 거리두기를 시도하며, 언제 어디서 발생할지 모르는 사태에 대비하기 위하여 CCTV를 여기저기 매달고 차량용 블랙박스를 구입한다. 말 한마디면 해결할 수 있는 일들이 경찰서와 법정에서 시시비비가 가려진다. 까칠해진 성격은 이웃의 마음을 아프게 한다. 사람과 사람 사이의 관계가 단절되는 이러한 사회현상의 밑면에는 무한 경쟁이라는 사회 시스템이 자리 잡고 있다.

자본주의와 수정자본주의를 거쳐 지금에 이른 독점자본주의가 극대의 이윤을 추구할 수 있는 방법은 무한 경쟁밖에 없어 보인다. 그러나 이런 신자유주의를 추구했던 나라들에서 가난한 사람들의 고함소리(미국의 맨하탄과 영국의 런던에서 발생한 시위)가 사회 불만의 신호탄으로 쏘아 올려졌다. 기질의 차이인지 우리나라 사람들은 차라리 내가 마음의 스위치를 내리고 마음 다스려 보자며 스스로 힐링을 찾아 나섰다.

과유불급(過猶不及)이라 했던가. 경쟁도 지나치면 마음의 병을 낳고 그런 사회에서 사람들은 행복감을 느끼지 못한다. 지나친 경쟁으로 피로감이 누적된 사회는 생산성을 높이지도 못하고 창의성과 정의감마저 실종된다. 『정의란 무엇인가』라는 읽기에 쉽지 않은 책이 한국에서 베스트셀러에 오르자, 저자 마이클 샌달(Michael Sandel) 교수도 깜짝 놀라는 모습이었다.

무한경쟁의 신자유주의를 비판하는 『신자유주의』의 저자 데이비드 하비(David Harvey) 교수는 신자유주의를 하나의 '정치적 프로젝트'였다고 주장하고, 이러한 경제체제를 이용한 독점자본가들의 극대 이윤추구를 '탈취에 의한 축적'으로 규정하고 있다. 2008년 우리나라 자산의 50% 이상을 4대 재벌이 차지하고 있다. 돈이 돈을 낳는 돈 중심의 사회에서 사회가 재벌의 눈치를 보며 돌아간다. 이러한 경제 시스템을 막을 수 있는 길은 경제의 논리가 아니라 정치로 풀어야 한다고 그는 주장한다.

다보스 포럼의 창립자인 클라우스 슈바프(Klaus Schwab)는 2012년 다보스 포럼에서 '자본주의 체제에서 사회통합이 빠졌다. 이제 자본주의 시스템을 개선할 때가 되었다. 철지난 자본주의 시스템이 우리를 위기로 내몰았다. 정비하지 않으면 위기를 극복하기 어렵다. 새로운 모델이 필요하다'라고 승자독식의 무한 경쟁을 비판하고 있다. 독점자본가의 자아비판인 셈이다.

세계가 무한 경쟁의 시스템을 가동하고 있는데 경제민주화, 재벌 규제를 외치는 것은 시장경제를 외면하는 일이라는 세력과, 성공의 열매를 균등하게 분배하기 위해서 골목 상권까지 탐욕을 드러내는 재벌을 규제해야 한다는 세력이 우리사회에 팽팽하다. 새로 출발하는 정부는 이 문제를 지혜롭게 풀어가야 상처 받은 사람들의 마음을 조금이나마 정치적으로 치유하는 일이 될 것이다. 새 정권이 사회의 모든 문제를 댓바람에 해결할 수 없다. 모든 사람을 하루아침에 잘살게 할 수도 없는 일이다. 그러나 착실한 경제민주화 정책을 통해, 부의 양극화 현상이 점차 해결되지 않는다면 많은 사람들은 마음에 더 큰 상처를 입고, 새 정권에 등을 돌리게 될 것이다. ■ 2012.12

막말하는 사회, 분노하는 사회

말이란 인간의 정서와 사고를 표현하는 도구여서 사람의 됨됨이도 이것을 통해 밖으로 드러난다. 말이 거칠면 그 사람의 내면세계도 그와 비슷하거니와 행동도 크게 다르지 않다. 이종걸 민주통합당 최고위원은 어느 대선 후보에게 '그년'이라고 언급했다가 슬그머니 '그녀'의 오타였다고 궁색한 변명을 했고, 민주통합당 김광진 의원이 자신의 트위터에 '명박급사(急死)'라는 내용의 글을 리트윗하여 그의 품성에 의문을 품게 했다.

또한 연세대 황상민 교수의 '생식기' 발언과 김성주 새누리당 공동선대위원장의 '영계' 발언은 발설자의 설익은 정서를 그대로 노출한 것이어서 많은 사람들의 눈살을 찌푸리게 했다. 서울 동부지방법원의 어느 부장판사도 피의자에게 "늙으면 죽어야 해요"라는 막말을 하여 사회적 물의를 빚었다. 이러한 막말 퍼레이드가 우리 사회 전반에 걸쳐 횡행하고 있음은 우리 언어생활에 근본적인 문제가 있음을 보여준다.

막말에 버금가는 천박한 표현들이 대중문화에도 깊숙이 자리 잡고 있다. 대중문화에 그 시대를 살아가는 사람들의 정서가 스며들어 있다고 할 때, 싸이의 「강남스타일」의 가사가 전 세계의 인기를 누리는 것만큼 우리의 대중문화가 건강한 것인지 되돌아보게 한다.

이 노래의 가사는 '밤이 오면 심장이 뜨거워지는 여자//커피 식기도 전에 원샷 때리는 사나이//지금부터 갈 데까지 가볼까//정숙해 보이지만 놀 땐 노는 여자//때가 되면 완전 미쳐버리는 사나이/근육보다 사상이 울퉁불퉁한 사나이'로, 6억 명 이상이 조회한 노래치고 듣기에 편하지 않다. 이 노래의 뜻을 알고 춤을 추며 따라 부르는 이들은 무슨 생각을 할까? 예전에 우리가 아름다운 팝송의 가사를 따라 부르며 이것을 통해 영어를 배우던 시절을 생각할 때, 대중문화에도 품격이 있어야 하지 않을까 싶다. 외국인들이 이 노랫말을 따라 한국어를 배운다면 아름다운 가사라고 생각할 수 있을까?

정치권을 비롯한 대중문화에서 막말이나 욕설을 사용하면 우리 사회의 정신문화도 이를 알게 모르게 닮아간다. 일상에서 청소년들의 대화에 욕설이 후렴구처럼 사용되는 경우를 종종 들을 수 있다. 댓글도 욕설을 퍼붓는 예가 허다하여, 일부 연예인들은 우울증으로 시달리다 자살에 이르기도 한다. 얼마 전 어느 학생은 '뚱땡이'라는, 집단 언어폭력을 당하여 자살하고 말았다. 독설이 칼보다 날카로워 우리의 마음속에 커다란 상처를 입힐 수 있다는, 설망어검(舌芒於劍)이라는 경구를 교훈으로 받아들여야 하는 예다. 상대방을 배려하지 않는 조악한 언어들이 SNS를 통하여 전달된다면, 이것은 문명의 이기가 아니라 흉기의 역할을 할 수 있다.

우리 사회는 예부터 좋은 말과 글을 가르치고 배우는 일에 큰 관심을 두지 않았다. 말과 글은 사물의 본질을 나타내는 것이 아니라 하나의 의사소통수단에 불과하다는 생각이 지배적이었다. 그래서 과도한 수사(修辭)는 사물의 본질을 흐리는 언어의 치장술 정도로 여겨졌다.

공자는 '교언영색 선의인'(巧言令色 鮮矣仁)이라 하여 잘 꾸민 말(교언)보다는 차라리 진실된 어눌한 말(눌변)이 낫다고 강조했고, 주희(朱熹)도 "문(文)이 도(道)를 싣는 것은 수레가 물건을 싣는 것과 같다"고 하여 말이나 글을 도를 싣는 수레에 비견하고 있다. 말이나 글의 중요성이 강조는 되고 있지만, 어떻게 말과 글을 사용하는 것이 효과적인 지는 다루지 않았다. 구체적 언어사용을 가르치기보다는 과묵함을 타인과의 관계에서 중요한 덕목으로 여겼다.

희랍의 이상주의자였던 플라톤도 동양의 생각과 크게 다르지 않지만, 그 시대의 소피스트들은 어떻게 말하는 것을 가르칠 것인가에 관심을 가졌다. 이들은 말하는 방법에 관심을 가졌고, 이들의 전통은 로마시대의 위대한 수사학자, 교육자였던 퀸틸리언(Fabius Quintilianus, A.D35~A.D100)에게 이어져 『웅변가 교육』이라는 12권의 훌륭한 수사학 교과서를 남겨놓게 했다.

이 책은 단지 훌륭한 달변가를 길러내는 것이 목적이 아니라 언어를 통하여 훌륭한 로마시민을 길러내는 것에 초점을 두고 있다. 퀸틸리언의 생각은 '사람이 사는 방식대로, 그렇게 말을 한다'로 요약된다. 그래서 그는 언제부터 어떻게 말을 배우게 하고 글을 가르칠 것인가에 깊은 관심을 기울였고, 그 전통은 지금도 서구의 대학에서 교양과목으로 면면히 내려오고 있다. 국내 대학에서는 이제서 말하기와 글쓰기 교육 강좌들이 생겨나고 있는 형편이다.

타인을 배려하는 말하기와 글쓰기가 성숙되지 않은 사회에서는 분노가 분출된다. 대화가 단절될 때 나타나는 분노는 폭력으로 이어지며, 폭력을 통한 분노의 해소는 문명화된 사회에서 정당화되기 어렵다. 이미 로마시대의 시인 호라티우스(Quintus Horatius Flaccus)가 "분노는 잠깐 동안 미치는 짓이다"라고 읊고 있듯이, 분노를 일으키는 막말과 욕설을 하는 행위는 '미친 짓'과 다를 바 없다. 가정과 학교, 사회의 꾸준한 노력과 교육만이 '미친 짓'을 일부라도 방지할 수 있다. 말과 글은 그 사람을 비추어주는 거울이다. ■ 2012.11

이미지 정치와 '네체시타' 읽기

대선 후보들이 말쑥한 정장과 점퍼차림으로, 때로는 앞치마를 두르고 TV화면에 등장한다. 정치인들이 외모에 신경 쓰며 이벤트성 행사에 얼굴을 내미는 것은 좋은 이미지가 표와 연결될 수 있다는 믿음 때문이다. 대중의 인기를 먹고사는 연예인들이 전속코디의 도움을 받는 것처럼, 대선 후보들도 머리스타일과 와이셔츠, 재킷의 색상까지도 코디의 철저한 도움을 받는 것은 당연한 일 일지도 모른다.

1960년 미국 대선에서 민주당 후보였던 존 F.케네디는 신선한 이미지 메이킹에 성공한 케이스다. TV가 라디오를 대체하던 시기에 케네디는 TV라는 매체의 중요성을 인식하고 TV토론을 선거 전략에 적극 활용했다. 그는 TV토론에 임하면서 재킷의 모양이나 와이셔츠의 색상, 심지어 양말까지도 코디의 도움을 받았다. TV토론에 임하여서는 단호하고 확신에 찬 모습을 보이기 위하여 TV카메라 앞에서 리허설을 하기도 했다. 반면 공화당 후보였던 닉슨은 TV토론에 임하는 자세가 케네디와는 사뭇 달랐다. 당시에 부통령이라는 위치에 있으면서도 TV매체의 중요성을 인식하지 못했던 닉슨은 TV토론 제작회의나 리허설에도 참여하지 않았다. 스튜디오 조명등 아래 앉아야 한다는 보좌진들의 조언도 무시했다. TV토론이 시작되자 젊고 참신한 이미지의 케네디는 묻는 질문에 확신에 찬 목소리로 부강한 미국건설을 호소했고, 늙고 지쳐 보이는 닉슨은 낯선 카메라 앞에서 두리번거리며 세부공약을 발표하는 수준에 그쳤다. 미국인의 3분 1이 지켜보는 TV토론에서 이미 대선의 결과는 결정된 것과 다름없었다. 결과는 닉슨의 패배였다.

그러나 아무리 비주얼 시대라 하더라도 가상의 이미지가 정치의 요체일 수는 없다. 케네디가 참신한 이미지로 대중의 환호 속에 등장했지만 강력한 정치인이 될 수 있었던 것은 그가 그 시대의 '네체시타(시대정신, 시대의 필요성)'를 읽어내는 눈 밝음에 있다. 1960년대 미국은 전통적인 미국적 가치관의 거부, 정치지도자와 정부에 대한 불신, 기존관습에 대한 반항과 자유분방함이 분출하는 커다란 전환의 시기였고, 케네디는 이 네체시타의 어깨위에 올라타, 미국의 꿈과 이상을 국민에게 제시했다.

마키아벨리는 누군가 군주가 되기 위해서는 행운(fortuna 포르투나)과 힘(virtu 비루트) 그리고 시대정신을 알아내는 것(necessita 네체시타)이 필요하다고 역설했다. 개인적 운이 좋아도, 정치적 힘이 있어도 네체시타를 알아내지 못하면 진정한 번영을 누릴 수 없다는 것이 마키아벨리의 주장이다. 민주화의 열기가 솟구치던 시대에는 민주화의 투사가 그 시대의 지도자로 등장했다. 우리나라의 국민들이 바라는 것은 절대적, 상대적 빈곤 속에서 벗어나 행복하게 살고 싶다는 열망이다. 이 시대의 네체시타는 경제민주화와 복지국가를 통한 행복하기가 아닌가 싶다.

내가 어렸을 때 어느 대통령 후보자의 선거구호는 '배고파 못 살겠다 죽기 전에 살길 찾자'였던 것으로 기억된다. 우리나라의 1960년대는 생존에도 힘겨웠던 시기였고 노력하여 잘 살아보자였다. 그러나 지금은 '삼성'이라는 브랜드가치가 세계 9위에 올라있고 가수 싸이가 미국 뉴욕의 한복판에서 말 춤을 추고, 영화 「피에타」가 베니스 영화제에서 황금사자상을 받는 나라가 되었다. 그러나 우리가 여전히 먹고 살기 힘들다고 하는 것은 아직도 일부의 절대적 빈곤과, 폭넓은 상대적 빈곤이 우리 곁에 머물고 있기 때문이다. 대학을 졸업하고도 절반 이상이 아르바이트 신분을 벗어나지 못하고, 서민은 열심히 벌어보았자 은행 빚 갚기도 힘든 현실이다.

영화 「피에타」의 이야기처럼 돈 없으면 몸의 일부라도 훼손하여 보험금이라도 타내야 하는 절망 속의 사람들이 많다. 가진 자와 가지지 못한 자들이 양극화된 채 돈의 주종관계로 사회가 굴러간다는 이야기다. 이것을 해소해 보자는 것이 복지, 경제민주화 같은 애매한 단어들이다. 그러나 대선 후보들의 정책 속에 빈부 격차에 대한 구체적 액션플랜이 없는 것으로 보아 이런 말들은 선거용 구호로 그칠 공산이 크다. 누군가는 경제적 양극화 해소를 위하여 토지개혁 이상의 조치들이 있어야 한다고 주장하지만 가능성은 희박하다.

사회의 정치적 불만은 늘 경제문제로부터 출발한다. 곡간이 차야 인심이 나듯, 경제적 어려움이 어느 정도 해결되어야 사회적 불만이 사라진다. 대통령이 되겠다는 사람은 근본적인 이 문제를 해결하려고 노력해야 한다. 대통령이나 기업 CEO의 사명은 조직의 생존과 번영에 있다. 대선 후보들이 부강한 국가건설을 위한 참신한 정책을 내놓고 유권자들의 심판을 받아야 하는 이유는 그들의 정책이 국가와 개인의 발전에 근본이 되기 때문이다.

그러나 박, 문, 안 세 후보가 내놓는 정책들은 대동소이하고, 구체적 플랜이 없어 표를 구걸하기 위한 정책처럼 보이기 쉽다. 이것은 정치적 상상력의 부재이거나 경제적 양극화 해소를 위한 대안이 없다는 증거다. 한 개인의 힘으로 복잡한 정치 경제의 현안문제를 풀어내기란 지난한 일일 것이다. 그러나 국가의 지도자가 되겠다는 사람은 남다른 성찰과 통찰로 국가의 생존과 번영에 대한 로드맵을 내놓아야 한다. 그것이 없을 때, 대통령이 되고난 다음 그 나라는 혼란을 피하기 어렵다.

대선후보들의 많은 정책들이 경제문제로 수렴되고 있지만, 대중들이 정치인에게 열광할 수 있는 것은 경제문제 너머에 있는 삶의 비전과 꿈, 이상인지 모른다. 찬찬히 들여다보면, 우리가 경제적 풍요로움을 바라는 것은 경제 그 자체가 아니라 그것을 통한 질 높은 삶의 향유에 있다. 어떠한 삶이 질 높은 삶인지 시대마다 달라질 수 있다. 그러나 우리 사회가 동의할 수 있는 삶의 비전, 꿈, 이상을 대권 후보들이 제시할 때, 또 그들이 살아온 이력 속에 그것이

짙게 배어 있을 때 그들의 카리스마로 작용될 수 있다. 막스 베버(Max Weber)도 물질적, 경제적 이해관계를 초월하는 데 카리스마의 특징이 있다고 말한 바 있다. 그래서 추상적 목표가 경제적 현안문제보다 정치적 열정을 일으키는 자극제가 되기도 한다.

대선 후보들이 비주얼 시대에 멋지게 차려입고 이벤트성 행사에 참여하여 대중의 표를 구걸할 수도 있겠지만, 속 깊은 대중들은 이 시대의 정확한 네체시타를 읽어내고, 카리스마 넘치는 연설로 대중을 선도하는 대선후보를 보고 싶어 한다. '스마트'한 시대라도 '아날로그'적 정서가 사람의 마음을 움직이기 때문이다. 때로는 비합리적 감정에 의하여 투표하는 사람도 있기는 하지만.

■ 2012.10

성폭력이라는 아포리아

인류의 역사가 지속되어 오면서 성에 대한 집착이 관심 밖으로 밀려난 적이 없다. 그것은 동물들이 발정기에만 본능적 충동에 따라 교미하는데 비해, 인간은 동물적 본능 이외에도 시도 때도 없이 쾌감을 추구하려고 하기 때문이다. 이미 프랑스의 선사시대인들은 로셀(Laussel)의 바위 부조(浮彫)에 성적 결합에 몰두하고 있는 두 남녀를 등장시키고 있다. 특히 라스코 동굴벽화에 새 얼굴 모양의 사내가 성기를 곧추 세운 채, 죽은 들소 옆에 누워있는 모습은 리얼하다.

이 그림은 일반적으로 이듬해 더 많은 동물을 사냥하게 해달라는 샤먼의 풍요제를 표현한 것으로 해석되었지만, 조르쥬 바타이유(Georges Bataille)는 『에로스의 눈물』에서 '성과 죽음과 종교의 일치'를 표현한 것으로 해석하여 통설(通說)을 뒤집고 있다. 그 시대의 호모사피엔스가 금기 없는 에로티즘에 탐닉했지만, 그들은 곧 이 천국에 드리워진 어두운 그늘을 인식하여 에로티즘을 종교와 연결시키고 있다는 것이다. 이런 것으로 보아 선사시대인들에게도 성문제는 삶의 근원적인 문제였던 것으로 보인다.

아직까지 우리사회도 동물적 본능에 충실한 성폭력이 난무하고 있다. 그것도 어린이를 유괴하여 제 욕심만 채우려는 수심(獸心) 가득한 성폭력자의 모습은 발정기에 이른 하이에나를 보는 듯하다. 이들이 저지른 성폭력 내용들은 한마디로 '인간이 아니 무니다'라는 요즘 유행하는 개그 대사로 씁쓸하게 대체하고 싶다. '이성이 잠들면 괴물이 나타난다'라고 고야(Francisco de Goya)가 말했던 것처럼 인간의 내면은 이성과 광기의 각축장인지도 모른다. 이성이 광기를 억누르며 프로이트가 말한 '초자아'의 법칙에 따라 살아가는 것이 보통사람들의 삶이다. 그러나 성폭력자들의 이성은 보통사람들의 이성과는 다른 것처럼 보인다. '사이코패스'들은 성폭력을 당한 당사자들이 자신과 같은 쾌감을 느꼈을 것이라고 착각한다는 것이다. 이것은 인간이 성장하면서 잘못된 '사회화'(socialization)과정을 통과한 결과이다.

정신과 의사이며 정신분석학자였던 자크 라캉에 따르면 인간은 태어나 어머니의 젖을 빨면서, 심장소리를 들으면서, 눈을 바라보면서, 말을 배우면서 세상을 배워 간다. 어린이에게 어머니는 우주이며 내가 어머니이고 어머니가 나라고 생각하는 '상상계'에서, 세상의 질서, 관습, 예의범절 등과 같은 '상징계'로 인간은 옮겨간다. 그러나 상상계에서 상징계로 옮겨가는 과정에 문제가 발생하면 정상적 인간으로 성장하기 어렵다.

'세살 버릇이 여든까지 간다'라는 우리나라 속담처럼 말을 배우는 성장기가 중요하다. 말 배우는 성장기에 정상적 환경에 놓여 있지 못하면 정신질환 및 사회 문제아로 성장할 가능성이 매우 높다. 상상계는 본능의 세계이고 상징계는 질서의 세계, 현실의 세계이다. 상상계는 지나오면 되돌아갈 수 없는 '자유의 다리'와 같은 곳이다. 그러나 인간은 힘들고 이성이 약해지면 늘 그곳으로 돌아가고 싶어 한다. 울기만하면 모든 것을 채워주었던 '엄마의 세계'를 떠나 '아버지의 법'이라는 상징계로 스무스하게 진입하여야 평범한 삶을 살아갈 수 있다. 그러나 상징계로 진입하지 못하고 상상계에 서성거리는 퇴행(退行)은 그들의 미래를 어둡게 한다.

얼마 전 세상을 떠들썩하게 했던 김길태도 불우한 어린 시절을 통과했다. 그의 양부모가 부산의 어느 교회 앞에 버려진 아이를 데려 왔다. 그래서 이름도 길에서 태어난 아이라는 의미인 길태라고 붙였다고 한다. 그는 성폭력, 강간, 살인의 혐의로 교도소를 드나들었고 '사이코패스'라는 판정을 받았다. 그에게는 선악의 구별도 희미해 보였다. 얼마 전 나주에서 잠자던 어린이를 납치하여 성폭행한 고종석도 불우한 어린 시절을 보냈다. 그는 남의 물건을 훔치는 도둑질에 익숙해 있었고, 그가 자란 동네에서조차 추방된 사람이다. 다른 성폭력자들도 이들과 크게 다르지 않다. 불우한 어린 시절을 보냈다하여 사회의 비행자로 남는 것은 아니다. 어려움을 극복하고 사회의 존경받는 인물들이 얼마든지 많기 때문이다. 그러나 사회에 적응하지 못한 사람들의 공통점은 불우한 어린 시절이 트라우마로 그들의 무의식속에 남아 있다는 사실이다. 상상계에서 상징계로의 전이(轉移)에 문제가 발생한 것이다. 성장기가 중요한 이유다.

모든 사람이 좋은 환경과 훌륭한 부모 슬하에서 자랄 수는 없지만, 성범죄 및 폭력, 자살 등을 근본적으로 예방하기 위해서는 따스한 가정이 필수적이다. 가족들이 오순도순 모여 앉아 하루를 이야기하는 '저녁이 있는 삶'이 필요하다. 그러나 우리사회의 가장들은 먹고살기 위하여 전쟁터 같은 직장에서 밤늦게까지 뛰어다니고 있다. 주말에만 잠시 아이의 얼굴을 보는 가장들이 너무 많다. 가정파탄으로 인한 가정의 해체는 인간의 불안 심리를 증폭시킨다. 가정을 잃은 사람들은 거리를 떠돌며 사회의 낙오자로 전락하고 있다.

성폭력자들에게 강력한 처벌도 뒤따라야 하겠지만 이들의 정신적 치료에, 건강한 가정의 복원에 사회가 큰 관심을 기울여야 한다. 그렇지 않고서는 성폭력이라는 아포리아(難題)를 해결할 수 없다. 성폭력은 어린 시절의 정신적 트라우마에서 시작되며, 반복하는 특성이 있기 때문이다. ■2012.9

「강남 스타일」의 음영(陰影)

지난(2012) 8월 11일 가수 싸이의 '썸머 스탠드 훨씬 더(THE) 흠뻑쇼'에 3만 명의 관중이 몰려 「강남 스타일」이라는 말 춤을 추었다니 과히 「강남 스타일」 신드롬이라 할만하다. 그 후속편 「오빤 딱 내 스타일」도 그에 못지않은 인기를 끌고 있다. 그러나 이 뮤직 비디오에 대한 열광이 우리나라뿐만 아니라 외국에서도 인기를 끌고 있다는 사실은 많은 사람들의 정서를 자극하는 그 무엇인가가 이 뮤직 비디오 들어 있음직하다. 그렇지 않고서는 20일 오전 유튜브에서 4,000만 건 이상의 조회가 쉽게 일어나지 않았을 것이다.

미국의 유력 온라인 뉴스 매체 ≪허핑턴 포스트≫(Huffington Post) 지를 비롯한 ≪CNN≫과 ≪LA타임즈≫, 영국, 프랑스, 노르웨이, 뉴질랜드 등 여러 나라의 언론매체들도 이 노래에 큰 관심을 보이고 있다. 이 노래가 이렇게 인기를 끄는 것은 뮤직 비디오를 보고 많은 「강남 스타일」의 아류(亞流)들이 쏟아지고 있기 때문이다. 이러한 폭발적 인기에는 시공간의 제약 없이 영상 콘텐츠를 업

로드하여 새로운 콘텐츠를 만들어 낼 수 있는 SNS의 환경이 한 몫하고 있기 때문이다.

SNS의 등장은 대중문화의 폭발적 확산을 가져왔다. 누구나 손쉽게 댓글을 달 수 있으며, 모사품을 만들 수 있는 참여 공간이 되기 때문이다. 그래서 미국, 영국, 프랑스, 뉴질랜드의 '홍대 스타일' 일이 자고 일어나면 새롭게 만들어진다. 진지하고 어려운 '하이 컬쳐'보다는 코믹하고, 따라 하기 쉽고, 때로는 저속해 보이기도 한 '서브 컬쳐'가 '강남스타일'처럼 우리 주변에 자리잡아가는 이유다. 본능에 가까운 것은 특별히 배우지 않아도 쉽게 따라 할 수 있는 요소들이 내재되어 있다.

싸이의 「강남 스타일」을 보고 한국어를 제대로 알아들을 수 없는 외국인들이 열광하는 것은 코믹해 보이는 말 춤 때문이 아닌가 싶다. 이 뮤직 비디오 도입부에 나타난 말의 이미지는 중간부에 여성의 엉덩이와 겹쳐져 말 춤이 성(性)적 메타포로 작동되고 있다. 인간이 동물적 속성을 갖고 있는 한, 성적 문제와 분리될 수 없다. 이것이 인간의 본능이기 때문이다. 말 춤은 이러한 인간의 집단적이고 무의식적 성적 욕망을 부추기는 한편, 코믹한 안무도 곁들여져 누구나 따라하고 싶은 충동을 불러일으킨다. 춤뿐만 아니라 가사의 내용도 '갈 데까지 가보자'는 내용이다. 이렇게 성적 이미지들로 가득한 뮤직 비디오가 SNS를 통해 세상의 주류문화로 자리매김하고 있다. 이러한 대중문화가 앞으로 우리가 살아갈 미래의 사회에 주류문화로 자리 잡을 것은 자명하다.

국내에서 「강남 스타일」의 인기는 외국과는 또 다른 요소가 깃들어 있다. 싸이는 어린이 놀이터에서 파라솔을 펴놓고 태닝을 하고, 목욕탕에서 물안경을 쓴 채 수영을 하면서 '강남 스타일'이라고 외쳐댄다. 관광버스에서 흘러간 막춤을 추고, 한강변에서 장기를 두면서, 또 낡은 보트를 타면서 '강남 스타일'을 외쳐댄다. 이것은 강남 문화라는 것이 그럴 듯 해보였지만 결국 값싸고 B급 문화인 '키치'(kitsh)에 불과하다는 자기성찰이다. 그러면서도 '낮에는 따사로운 인간적인 여자, 밤이 오면 심장이 뜨거워지는 여자, 그런 반전이 있는 여자'가 사랑스럽다며, '지금부터 갈 데까지 가보자'고 강남 스타일의 오빠는 기이한 '말 춤'을 추어댄다. 즉, 기존의 강남문화를 우스꽝스럽게 패러디하는 셈이다. 그러면서 자신의 말춤도 곧 패러디 될 운명을 내재하고 있으니 많은 모사품들이 쏟아지는 것은 당연한 일인지 모른다.

프랑스의 철학자 장 프랑수아 리오타르(Jean-François Lyotard)도 포스트모더니즘의 특징을 '이미테이션'이라고 말한 바 있다. 싸이 비디오 제작자의 의도가 이러한 요소들을 미리 염두에 두었든 아니하였든 간에 「강남 스타일」은 세계에 돌풍을 일으키며 싸이를 일약 세계의 스타로 만들어 놓고 있다.

이 뮤직비디오에서 눈을 돌려 영화관을 살펴보면 영화 「도둑들」은 1,000만 명 이상의 관객을 동원하고 있다. 한때는 외국영화에 고사당할지 모른다는 불안감으로 영화관에 뱀을 풀어놓는 해프닝을 벌이기도 했던 국내 영화 관계자들이 이제는 안도의 한숨을 돌리고 있다. 세계 게임시장에서 넥센을 비롯한 한국 게임 업체들이 시장을 선도하고 있다. 동남아 어디를 가더라도 한국 드라마들이 인기를 끌고 있다.

베트남 어느 국회의원은 「주몽」이 방송되는 시간에 맞추어 퇴근할 정도로 「주몽」의 열렬한 시청자였다고 나에게 귀띔해 주기도 한다. 중국 유학생들은 한국 TV 광고들이 중국과 비교하여 '너무 재미있다'고 말한다. 자극적이고 본능적인 요소들, 또는 독특한 한국의 문화요소들이 영상문화와 결합하여 새로운 문화를 형성하고 있는 것이다. 미래 세계는 활자 매체보다는 영상이 주도해 갈 것임을 예고해 주는 것이다.

활자매체는 사라지고 영상의 시대가 도래할 것이라고 캐나다의 커뮤니케이션 이론가인 마샬 맥루한(Marshall McLuhan)도 『쿠텐베르크의 은하』(1962)에서 선언한 바 있다. 그의 예언처럼 책이 사라진 것은 아니지만 '독서능력의 위기'를 가져온 것은 사실이다. 책보다는 TV와 컴퓨터 게임에 더 많은 시간을 보내고, 심지어 게임에 중독되어 학교생활에 흥미를 잃어버린 중 · 고생들이 한둘이 아닌지 오래다. 강렬한 화면에 마음을 빼앗기다보니 상상력은 사라지고 책은 손에 잡히지도 않는 것이 그들의 현실이다. 강렬한 화면은 이상한 환영을 만들어내고 정상으로부터 그들을 일탈하게 만든다. 심지어 게임 때문에 가정에 비극이 초래됐다는 뉴스들이 빈번하다. 이러한 영상물의 폐해는 서구문명의 위기를 가져올 것이라고 영국의 저명한 문명비평가 조지 스타이너는 경고한 바 있다.

세계의 관심을 끄는 뮤직비디오도, 영화도, 드라마도, 결국은 상상력의 결과물이라고 볼 때, 폭넓은 독서를 통한 상상력의 도움 없이는 반짝하는 인기는 일회성에 그치고 말 공산이 크다. 보편성에 독특함이 함께 할 때 인기는 오래가기 마련이다. 동서양의 듬쑥한 책들을 읽어내고(보편성) 여기에 우리 고유문화(독특함)를 결합할 때 '서브 컬처'가 아닌 '하이 컬처'로써 이웃 나라들에게 또렷이 자리매김할 수 있다. 다양한 독서를 통해 자신의 무한한 상상력을 탐색하기보다는 단순한 '말 춤'의 소비자, 게임의 중독자로 많은 젊은이들이 머문다면, 화려한 영상시대에 '암울한 그림자'가 깊게 드리워질 것 같다. ■2012.8

슬라보예 지젝은 누구?

슬로베니아 출신 슬라보예 지젝(Slavoj Zizek, 1949~)이 6월 하순 한국을 두 번째 방문하여 경희대학교와 건국대학교에서 강연을 했다. 이 강연회에 많은 사람들이 몰려들어 좌석 표를 나누어 받아야 했다니 한국에서 그의 인기는 절정에 이른 듯하다. 그러나 국내에서 인기가 많은 것과는 달리 영국 일간지 가디언은 그의 철학이 해독 불가능해 보인다고 철학의 난해함을 지적하고 있다. 그가 헤겔, 하이데거, 라캉 등을 연구하여 박사학위를 받았고, 프랑스 탈구조주의자들이 그의 철학 뿌리에 맴돌고 있기에 쉽게 이해될 수 있는 철학자인지 의구심이 드는 것도 사실이다.

미디어들은 30여권의 단독 저서와 수십 권의 공동저서가 있는 그에게 '이 세상에서 가장 위험한 철학자', '동구권의 기적', '철학을 더럽힌 철학자'라는 수식어를 붙여주고 있다. 이런 표현은 그가 가장 급진적인 좌파 철학자, 유럽 변방에서 나타난 걸출한 인물, 철학을 하위문화와 연결지어 해석하는 사람이라는 비하의 의미도 포함되어 있을 것이다. 어느 비평가는 21세기가 지젝의 시대가 될 것이라고 그를 추켜세우기도 한다. 그러나 그의 평가는 좀 더 시간을 끌며 역사에 맡겨두는 것이 필요해 보인다.

지젝이 일부 층에서 인기 있는 것과는 달리, 서양철학과 대중문화에 관심이 많지 않은 사람은 그의 이름을 생소하게 여길 수 있다. 지젝의 책이 국내에 처음으로 번역 소개된 것은 1995년 『삐딱하게 보기』라는 책인데, 이 책을 통해 지젝은 할리우드 영화의 욕망세계를 전복적으로 드러내 보인다. 젊은 시절 영화를 만들어 보기도 했던 지젝은 특히 히치콕에 관심이 많아 그의 영화에 관한 책을 쓰기도 했다.

지젝의 명성이 서구세계에 알려지게 된 것은 대중문화 해석보다는 프랑스에서 공부하고 돌아와 저술한 『이데올로기라는 숭고한 대상』과 같은 철학관련 서적들이라고 해야 할 것이다. 『까다로운 주체』, 『부정적인 것과 함께 머물기』, 『시차적 관점』 같은 책들은 독일 철학과 프랑스 철학을 천착(穿鑿)하고 있다. 지젝의 책 중에 많은 사람의 관심을 끄는 것은 현실 문제를 다루는 현실정치에 관한 책일 것이다. 『실재 사막에 오신 것을 환영합니다』, 『이라크』, 『처음에는 비극으로 다음에는 희극으로』 같은 책들은 이라크 전쟁뿐 아니라 세계 곳곳의 사건에 관심을 내비친다. 금년에는 쟈스민 혁명을 다룬 책도 국내에 번역 출간될 예정이라고 한다.

세상사에 관심이 많은 지젝은 요즘 중국, 브라질, 인도와 같은 나라에 깊은 관심을 보이지만, 미국은 늘 그의 관심의 대상이다. 2001년 뉴욕 맨하탄에서 충격적인 9.11테러가 발생했을 때 이 사건은 선민의식에 빠져 있던 미국인들에게는 경악이었으며, 지젝의 눈으로 보았을 때는 제 20차 공산당 전당대회와 같은 대 전환점이었다. 1953년 스탈린이 죽은 후, 1956년 2월에 열린 20차 공산당 전당대회에서 흐루시쵸프는 스탈린 비하 연설을 하며 관련자들을 숙청할 것을 암시하자 어느 당 간부가 기절을 하기도 했다는 살벌한 전당대회를 말한다. 라캉식으로 표현하자면 '상징계'의 몰락을 의미한다. 즉, 이제까지 믿어왔던 개념적 가치체계의 붕괴다.

9.11을 이슬람문명과 기독교 문명의 충돌로 해석하는 사람들도 있지만 지젝은 자본주에 대한 적대감의 표출로 진단한다. 민주주의와 자본주의가 결합하여 세상의 혁신적인 발전을 가져왔지만 자본주의 시스템이 지속될 수 없다고 주장한다. 세계의 곳곳에서 이런 징후가 나타나는데, 대표적인 것이 미국의 '월가점령'이다. 경제적으로 1%가 99%의 다수를 지배하는 것은 시스템의 문제이지 자본가의 탐욕만을 비판해서 현실이 직면한 문제들을 해결할 수 없다는 것이다.

자본주의가 스스로의 문제점을 직시하고 수정하더라도 그것은 하나의 방책일 뿐 오래 버티지 못할 것이고, 모두의 '공동의 선'을 추구하는 코뮤니즘(공산주의)이 도래할 것이라고 예측한다. 그러나 20세기의 공산주의는 역사상 가장 매혹적이었지만 실현되었을 때 가장 파괴적인 이념이었고, 가장 인간다운 세상을 표방했지만 처참한 독재로 추락했던 이념이다. 그러나 지젝이 예상하는 코뮤니즘은 이미 시도했거나 실패한 공산주의를 의미하지 않는다. 마르크스가 『공산당 선언』에서 구체적인 공산주의의 모습을 밝히지 않았듯이 지젝도 그 세계의 구체적인 모습을 펼쳐 보이지 않는다. 스스로 사유해보라고 권유한다. 그래서 공허한 내용이라는 비판을 받기도 하지만 그는 칸트가 주장했던 '이성의 공적 사용'을 통해 함께 찾아내야 한다는 것이다. 그래서 그는 젊은이들에게 가슴 떨리는 혁명가로 다가오며, 미디어들은 그를 세상에서 가장 위험한 철학자라고 부르고 있는지도 모른다.

몇 달 전에 출간된 『코뮤니스트』의 저자 로버트 서비스도 '마지막 공산주의 국가가 사라졌을 때에도 공산주의는 오랫동안 사후의 삶을 누릴 것'이라고 예측한다. 이것은 빈곤과 억압이 존재하는 곳이라면 어디서나 공산주의는 뿌리 내릴 수 있다는 말이기도 하다. 스탈린이 혁명을 앞두고 헤겔의 『대 논리학』이라는 책에 주석을 달아가며 꼼꼼하게 새로운 세계를 꿈꾸어 보았듯이 지젝도 새로운 세계를 꿈꾸고 있는지 모르겠다. 그러나 지젝은 스스로를 비관론자라고 말한다. 그래서 그런지 지젝은 세계의 곳곳을 돌아다니며 아직 철학이 필요한 시간이니 '사유하라', 그리고 '실천하라'고 외친다.

대통령 형님을 비롯한 권력의 언저리가 돈으로 썩어갈 때, 대학을 졸업하고도 일자리가 없어 대부분이 백수의 신세를 면치 못할 때, 가진 자들이 자기들만의 리그를 즐길 때, 즉 공정한 분배가 이 사회에서 요원하다고 느낄 때, 돈을 향하여 세상이 거침없이 질주할 때, 새로운 세상을 꿈꾸는 자들이 당연히 많아지게 마련이다.

즉, 정의와 희망이 사라질 때 누군가는 새로운 세상의 매뉴얼을 꼼꼼하게 준비할지 모른다.

지젝은 '20세기의 공산주의는 다시 작동하지 않을 것'이라고 잘라 말하면서, 분단국가인 한국은 '공산주의가 왜 잘못되었는지를 마음에 새겼기 때문에 희망의 땅이 될 수 있다'는 견해를 내비치고 있다. 지젝의 철학이 스타벅스 커피처럼 유행 따라 소비되는 이론인지 알 수 없지만 더 좋은 세상을 위해 늘 깨어있어야 한다는 그의 말은 받아들일 만하다.

20세기의 위험한 철학자 니체는 이런 말을 했다고 한다.

> 언젠가 이 세계에 변혁을 초래할 인간이 찾아올 것이다. 그 인간에게도 방황하는 밤이 있을 것이다. 그 밤에 문득 펼쳐본 책 한 줄의 미미한 도움으로 변혁이 가능해질 지도 모른다. 그 하룻밤, 그 책 한 권, 그 한 줄로 혁명이 가능해질 지도 모른다. 그렇다면 우리가 하는 일은 결코 무의미하지 않을 것이다.

■ 2012.7

블룸스데이와 홍성 학(學)

우리나라 사람과 기질도 비슷하고 이웃국가로부터 지배를 받아 왔던 나라가 영국 옆에 자리 잡은 아일랜드가 아닌가 싶다. 이 나라는 영국으로부터 700년 이상 지배를 받아오다 보니 많은 세월 영국인과 서로 피가 섞여 누가 아일랜드 인이고, 누가 영국 사람인지 구별이 힘들게 되어 1921년 독립할 당시 종교적 이유를 내세워 아직도 나라의 일부는 영국 땅으로 남아 있다. 이러한 결과는 타민족으로 부터 오랫동안 지배를 오래 받아온 후유증이라 할 수 있다. 1847년에는 이들이 주식으로 하는 감자가 썩는 감자마름병으로 대기근이 야기되어 국민의 약 4/1이 굶어죽고, 일부는 다른 나라로 뿔뿔이 흩어지는 슬픈 역사도 가진 나라다.

그렇지만 이런 나라에도 영국으로부터 나라를 되찾으려던 독립운동가들도 많았고 출중한 예술가들도 있었다. 이 나라 출신의 대표적인 소설가가 제임스 조이스다. 미국의 유명 시사 잡지, 타임지는 그를 20세기에 가장 많은 영향을 끼친 소설가로 선정하였고, 그의 대표 작품이 『율리시즈』다. 조이스 외에도 이 나라에는 『고도를 기다리며』의 작가 사무엘 베케트(Samuel Beckett), 20세기 최대의 시인이라 할 수 있는 예이츠, 20세기의 극작가 오스카 와일드(Oscar Wilde)와 싱(J.M. Synge), 『유토피아』의 작가 토마스 무어, 『걸리버 여행기』를 쓴 조나단 스위프트(Jonathan Swift)가 영문학 속에서 빛을 발하고 있다.

이렇게 다양한 작가들을 배출하면서 켈트민족의 전통문화가 도도히 숨 쉬는 국가이기는 했지만 그들의 역사는 분열과 갈등, 빈곤의 역사였고, 늘 영국의 변방에 불과했다. 영국인들은 그들을 '인간 침팬지', '하얀 검둥이' 같은 존재로 보았고 '이해하기에는 너무 멀고 무시하기에는 너무 가까운' 존재였다. 2차 세계대전 후 동경대학 총장을 지낸 야나이하라 타다오가 '한국은 우리의 아일랜드'라고 했던 망언이 아일랜드를 생각할 때마다 씁쓸하게 떠오른다.

영국인의 눈으로 본 아일랜드 사람들의 삶의 방식이 저급해 보였는지도 모른다. 조이스도 술 마시고 이웃과 싸움질을 일삼고, 정신적으로 타락해 보이는 아일랜드 사람들의 모습을 싫어하여 조국을 등지고 유럽을 떠돌다 스위스에서 삶을 마쳤다. 조이스는 '더블린 사람들'이라는 소설을 써서 아일랜드의 수도 더블린에 사는 사람들이 자신의 추한 모습을 거울에 비추어 보고 살아가는 방식을 바꾸어보도록 촉구했다. 그는 조국을 떠났지만 누구 못지않게 조국을 사랑했다. 그의 소설들은 모두 더블린을 배경으로 삼았고 지도에 더블린이 사라져도 자신의 소설을 보고 더블린을 다시 건설할 수 있도록 더블린을 핍진성 있게 묘사하고 싶어 했다.

조이스의 소설 『율리시즈』의 주인공 블룸이 소설 속에서 6월 16일에 더블린 시내를 하루 종일 돌아다녔는데, 조이스를 좋아하는 '조이시안'이나 영문학자들이 이날을 '블룸스데이'(Bloomsday)로 정하고 조이스를 기리고 있었다. 그러나 2004년에는 조이스 탄생 100주년을 맞이하여 '2004 리조이스 페스티발'이라는 슬로건을 내걸고 더블린시 당국은 학술대회 뿐만이 아니라 도시전체를 조이스 축전의 공간으로 확장하였다. 21세기에 100년 전의 블룸이 생각에 잠겨 거닐었던 소설 속의 흔적을 '블룸스데이'로 재조명한 것이다. 블룸이 다녔던 술집이나 거리들은 명소가 되었으며 블룸이 입었던 복장과 모자는 더블린의 패션이 된다. 해마다 6월 16일 블룸스데이가 되면 조이스 학술대회가 열리고 전 세계 독자들은 더블린을 찾는다. 이 날은 실제로 조이스가 그의 아내 노라 바라클과 처음으로 데이트 했던 날을 기념하기 위하여 『율리시즈』의 시간적 배경으로 삼았던 날이다. 개인의 첫 데이트 날짜가 이제는 세계 축전이 된 셈이다.

영국의 오랜 지배를 받으며 영국 그늘에서 신음했던 아일랜드가 21세기에는 영국보다 국민소득이 한때 앞서기도 했는데, 이것은 감성적 기질을 가진 아일랜드 사람들과 IT산업이 결합하여 그들의 신명을 자극하였기 때문이다. 경제 발전과 함께 그들의 전통문화도 훌륭한 콘텐츠로 재탄생되고 있다. 문화는 그 나라의 흥망성쇠 뿐 아니라 정치 경제와도 밀접한 관계가 있다. 문화가 그 나라의 경쟁력이다. 하버드대학교 데이비드 랑드 교수는 '왜 누구는 그렇게 부유하고 누구는 그렇게 가난한가?'에서 문화가 빈부의 차이를 결정짓는다는 견해를 밝히고 있다. 경제학 교수로서 문화와 경제적 성취가 서로 연결되어 있음을 밝힌 대목이라 할 수 있다.

아일랜드에서 조이스와 베케트 축전을 기획했던 로라 번즈는 '아일랜드를 대표하는 작가와 작품이 더블린 사람들에게 다시 한 번 기억되고 음미되어 문학이 도시민들의 생활문화가 되길 희망한다'라고 말하고 있다. 관광수입 유발보다는 문화가 시민들의 일상이 되도록 기획됐다는 것이다. 일시적으로 '보여주기'를 위한 행사는 축전이 끝나면 허무 속으로 사라지고 만다. 축전의 기획이 그래서 중요한 의미를 갖는다. 보여 주기 위한 무책임한 축제는 축제가 끝난 후 지역에 빚만 남겨 놓기 쉽다. 홍성의 내포 축전도 이 지역의 훌륭한 인물들을 재 발굴하여 홍성군민의 생활 속에 살아 있는 이응로, 남당, 만해로 재탄생되기를 기대한다.

그리고 홍성에서 「홍성학」이 출발되어 홍성의 역사, 작가, 문화, 관광 등을 청운대학교 학생들에게 올해 2학기부터 가르치기로 했다는 보도가 있었다. 타지에서 온 학생들에게 그 지역의 지역학을 가르치겠다는 홍성군과 청운대학교에 박수를 보내고 싶다. 그러나 '우리 것이 좋은 것이여'만 외쳐서는 보편성을 얻기 어렵다. 지나온 과거에 매몰되어서는 미래를 창조적으로 바라보기 어렵다. 물론 새로운 것에 역사성이 결여된다면 그것은 전통이 없는 특이한 괴성(怪聲)에 불과할 것이다. 우리의 콘텐츠를 붙들고 고개를 들어 '세계'를 보도록 가르쳐야 한다. 그래서 어떻게 가르치느냐가 중요하다.

지자체장을 비롯한 지역의 인사들이 지역의 역사와 인물의 자랑만 일삼는 강의가 되어서는 돈 들여 학생들을 졸게 하는 지역학이 되고 말 것이다. 소녀시대, 수퍼주니어 등과 같은 한류 가수들의 음악이 어떻게 세계의 젊은이들로부터 열광적 호응을 얻는지 벤치마킹하여 '홍성 학(鶴)'이 '세계 학(鶴)'으로 비상하기를 기대해 본다. ■2012.6

노(老)스님의 '알통'

어느새 숲속의 녹음이 짙푸른 5월이다. 앞 다투어 피었던 꽃들이 잎과 가지에 자리를 내어주고 있다. 무참히 떨어진 낙화를 보며 삶도 찰나(刹那) 같다는 생각을 지울 수 없다. 아름다운 자태를 뽐내던 꽃잎과 잉잉대던 벌들은 어디론가 사라지고 꽃의 시신들만이 지난날의 화려했었음을 과시한다. 그러나 꽃들은 그냥 지는 것이 아니라 잎과 가지에 에너지를 전이(轉移)시키고 열매를 견인해 낸다. 가을이 되면 낙엽은 뿌리로 에너지를 전달하고, 봄날 소생하기 위한 긴 호흡의 겨울도 준비할 것이다. 신비한 자연의 질서를 보면서 삶의 무상함을 느끼지 않을 수 없다. 영국의 요절한 시인 셸리(Shelly)도 '겨울이 오면 봄이 멀 수 있으랴'(If Winter comes, can Spring be far behind?)고 자연의 경이로운 순환을 노래했다.

이러한 자연의 무상함을 그대로 받아들인다면 우리의 마음도 편안해 질것이다. 붙잡을 것도 없고 매달릴 것도 없기 때문이다. 삶도 자연의 일부이기 때문이다. 그러나 우리는 조화(造花)를 만들어 꽃의 아름다움을 영원히 보고 싶어 하고, 가질 수 없는 것을 가지려고 애를 쓰다 사라진다. 권력의 달콤함에 빠져 수갑을 차고 영어(囹圄)의 몸이 되기도 하고, 욕정을 이기지 못해 쇠고랑을 차기도 한다. 이러한 근원에 욕망이라는 리비도(Libido)가 자리 잡고 있다. 욕망은 삶을 유지시키는 기관차이지만 동시에 마음의 고향으로부터 낯선 곳, 더러운 곳으로 우리를 끌고 다닌다. 우리 마음의 본래 고향은 어디일까? 그곳을 어떻게 해야 볼 수 있고 도달할 수 있는 것인가? 깨우치려는 이들의 화두(話頭)일 수밖에 없다.

십여 년 전 즈음, 수덕사가 인근에 있는 어느 온천에 들르면 어느 노(老)스님을 그곳에서 우연히 만나곤 했다. 그 스님은 젊은 스님들 부축을 받으며 그곳에 오시곤 했는데 혼자서는 거동이 불편해 보였다. 탕 안에 그 스님과 단둘이 앉아 있게 되어, 머쓱한 마음으로 '혼자서 걸으시기 불편하시죠?'라고 말을 건넸더니 노스님은 물속에서 주먹을 불끈 쥐어 보이며 해맑은 미소로, 나오지도 않는 '알통'을 보여주시는 시늉을 했다. 아직 힘이 넘친다는 의사표시였으리라. 그 스님의 천진난만한 행동에 피식 웃음이 절로 나왔던 적이 있다.

영국 낭만주의 시인 워즈워드(William Wordsworth)는 '어린이는 어른의 아버지'(The Child is father of the Man)라고 노래한 적이 있다. 그는 어린이에게서 인간의 순수한 자성(自性)을 보았는지 모른다. 어린아이에게 다이어 반지를 주어도 조금 갖고 놀다 내던지고 만다. 그 반지를 다시 갖고 놀겠다는 생각도 하지 않는다. 어린아이는 어떤 대가도 바라지 않는다. 그러니 어린아이의 얼굴은 해맑을 수밖에 없다. 욕심은 얼굴을 일그러뜨리며 험상궂게 만든다. 온천에서 만났던 그 스님은 욕심을 어린아이처럼 지워버린 것일까? 서예로 유명했던 노스님(아마 원담스님으로 생각된다)은 얼마 후 그 온천에 다시 볼 수 없게 되었다.

어린아이와 같은 순진무구한 모습이 인간본래의 자성이다. 그 자성은 원래 허공과 같아 깨끗한 모습이다. 욕망이 그 모습을 얼룩지게 할 뿐이다. 얼룩은 세월 따라 두껍게 자리 잡는다. 그 때를 벗겨내는 일이 수행(修行)이다. 고봉스님은 인간 본연의 모습으로 돌아가는 도 닦는 공부를 '지게에 눈을 져다가 우물을 메우는 것'(담설전정擔雪塡井) 같이 하라고 후학들을 가르쳤다. 흙으로 우물을 메우는 일이야 쉽겠지만, 눈으로 우물을 메우는 일은 표시도 나지 않는 일이다. 그렇게 그곳에 도달하기가 수월하지 않음을 몸소 익혀보라는 이야기다. 끝없이 참회하고 기도해야만 요동치는 욕망을 누르고 맑은 물이 샘솟는 근원을 볼 수 있다는 가르침이다. 스님뿐 아니라 우리 모두 그곳을 향해 가고 싶어 하는 지도 모른다.

요즘 방송과 신문에서는 스님들이 술과 도박을 하는 장면들이 등장하고 술집을 드나들었다는 폭로가 이어진다. 폭로자의 언·행을 보면 스님의 모습과는 거리가 멀어 보인다. 예전 고승들이 득도(得道)를 하고 계율을 넘나드는 모습을 보여주기도 했었지만, 이것은 득도의 '사자후'(獅子吼)라고 보고 싶다. 스님들이 계율을 지켜야만 본래의 자성에 안전하게 도달할 것이고 사부대중은 그들의 법문을 들으러 절집에 모여들 것이다. '알통'을 보여주려고 했던

해 맑은 얼굴의 노스님과 어느 스님의 게송(偈頌)이 오늘 부처님 오신 날 뇌리에 스쳐간다.

> 재물과 여색을 저버리지 못하거든 도 닦을 생각 하지마라. 어리석은 중생심(衆生心)을 붙들고, 나 잘난 생각 갖고서는 도 닦을 생각 하지마라. 이런 것을 나 스스로 잘 깨달으면 한 순간의 번뇌가 사라질 것이고, 生 · 死의 마음도 다 끊어질 것이다. 우리가 마음의 고향으로 돌아가고, 수행하는 것이 별것이더냐, 다른 법이 없다. 이것을 명심하라.

■ 2012.5

영화 「은교」
그리고 사랑, 늙음

어느 날 머리칼이 희끗희끗해지고 눈가에 주름이 쪼글쪼글해지면 세월의 무상함이 밀려오고, 내가 그동안 무엇을 하고 살아 왔나 하며 지난 삶을 뒤 돌아 보게 된다. 기우는 해를 바라보는 마음 다급하며 가버린 날들을 뒤돌아보는 눈길에는 한숨이 깃들게 마련이다. 이런 마음은 옛사람이나 요즘 사람이나 다를 바 없다.

고려시대 시인이었던 우탁(1263~1342)은 늙어 가는 것을 탄식하며

> 늙지 말려이고 다시 젊어 보렸더니
> 청춘이 날 속이고 백발이 거의로다
> 이따금 꽃밭을 지날 제면 죄 지은 듯하여라.

하며 자신의 초라한 늙음을 젊음의 꽃밭과 대비하여 죄지은 듯 슬퍼하고 있다.

한 손에 가시를 들고 또 한 손에 막대 들고
늙는 길 가시로 막고 오는 백발 막대로 치렸더니
백발이 제 먼저 알고 지름길로 오더라.

며 막대 들고 역동적으로 늙음을 내쫓아 보지만 오히려 지름길로 달려오는 늙음 앞에 우탁은 좌절하고 만다. 오는 세월 막을 수 없고 가는 세월 잡을 수 없는 것이 인생사이다. 그러나 인생이 그렇게 허무하게만 늙어 가는 것은 아닌 듯싶다.

노(老)시인 이적요와 여고생의 사랑을 다룬 박범신 소설『은교』가 영화화 되어 많은 사람들의 입에 회자(膾炙)되고 있다. 영화의 내용 보다는 젊은 여배우의 전라연기가 이 영화의 화젯거리다. 꼭 그렇게 다 벗었어야 하느냐, 그곳을 음영처리라도 했어야 하지 않느냐, 여배우의 부모는 시사회에 나왔느냐 등등. 그러나 이 영화에서 여배우가 실오라기 하나 걸치지 않았어도 영화가 추하게 보이지 않는 것은 그러그러한 장면들이 이 영화의 본질이 아니기 때문이다. 전라연기에 대한 이야깃거리는 오히려 영화마케팅의 전략인지도 모르겠다. 노시인, 이적요의 늙음에 관한 '존재론적인 슬픔'의 탐구가 소설과 영화의 주제다. 몸은 늙어가지만 마음도 그것에 비례하여 늙어가는 것만은 아니기 때문이다.

여고생 은교가 이적요의 집에서 청소를 하고 그의 일상을 돕게 되자 그는 삶에 활기를 얻고 은교를 사랑하게 된다. 여기서의 사랑은 젊은 남녀의 사랑과는 다른 사랑이라 할 수 있다. 그녀의 존재는 이적요의 에너지가 된다. 무료하게 살아가는 노인에게 은교는 활력소이며 삶의 촉매 같은 존재라 할 수 있다.

일반적으로, 누군가를 사랑한다는 것은 그의 삶을 바꾸어 놓는다. 사랑하는 대상에게 이미 존재했던 모습이지만 사랑하는 사람은 그것을 처음 발견한 듯 커다란 의미를 부여하고, 사랑받는 사람은 상대방이 자신의 가치를 발견한 유일한 사람이라고 기뻐한다. 비록 자신에게 그런 면이 없다 할지라도 상대방이 발견한 모습을 갖추기 위해 노력한다. 신이 세계를 창조한 것과 마찬가지로 사랑도 새로운 세계를 창조하는 힘을 가지게 되는 것도 이러한 이유일 것이다. 그래서 사랑은 친숙해있던 나를 다른 사람으로 바꾸어놓는 신(神)적인 힘을 지닌다. 집에서 천덕꾸러기 같은 존재였던 은교는 이적요의 집에 온 후 "할아버지, 내가 이렇게 예쁜 아이인지 몰랐어요"라고 말한다. 이적요의 사랑이 은교에게 전해진 결과다. 이적요가 은교에게 느끼는 사랑은 '너를 사랑하니까 너도 나를 사랑해'와 같은 사랑은 아니다. 그러나 제자 서지우는 당신의 사랑은 추해보인다고 질투한다. 그에게 좀 더 연륜이 필요해 보인다.

할아버지가 집에서 기다리는 손녀를 위해 사탕을 사들고 바삐 발걸음을 옮기는 모습이 이적요의 모습에 어른거린다. 자신의 문학관 건립을 위해 제자들과 모임이 있는 날, 그는 은교와 저녁을 먹기로 되어 있어서 제자들과 식사도 하지 않고 자리에서 일어선다. 이적요에게 은교는 지나가버린 젊음에 대한 향수와 같다. 이적요의 의식은 플래시백(flash back)하여 젊은 날로 돌아가고 은교와의 사랑을 꿈꾼다. 이적요에게 은교는 젊은 날의 소중한 사랑, 꿈이었으며 절대적 아름다움이었는지도 모른다. 할아버지에게 손녀가 눈에 밟히듯 은교는 그런 존재다.

서지우가 이적요의 원고를 훔쳐 문학상을 받는 자리에서 이적요는 "너의 젊음이 너의 노력으로 얻은 상이 아니듯이 나의 늙음도 나의 잘못에 대한 벌이 아니다"라는 연설을 한다. 늙음은 누구에게나 다가오는 것이며 젊음도 잠시 왔다 사라지는 것임을 말해주는 것이다. 누구에게나 늙음은 서글프게 다가올 수 있다. 그러나 노년에 서글픔만이 존재하는 것은 아니다. 청춘이 지나온 자국이 노년이기 때문이다. 젊어서는 젊음의 소중함을 모른다. 그래서 조지 버나드 쇼(George Bernard Shaw)는 '젊음은 젊은이에게 주기엔 너무 아깝다.'라고 말했는지 모른다.

영화 『은교』는 이적요를 통해 삶이 무엇인지 많은 생각을 하게 한다. 여배우가 얼마나 옷을 벗었느냐는 영화 『은교』에 대한 적절한 감상 독법이 아닌 듯싶다. ■2012.5

멘토의 역할은?

음악방송 프로그램이나 정치권 등에서 소위 멘토들의 역할이 활발하다. 19대 국회의원 선거에서 소설가, 교수, 시인, 가수 등 12명이 총선 멘토단으로 등장하여 젊은이들의 선거를 독려했다. 「위대한 탄생 2」와 같은 오디션 프로그램에서도 멘토들은 신인들을 문하생으로 받아들여 잘못된 점이나 미숙한 점을 지적하고 그들의 가창(歌唱)능력을 향상시켜 줬다. 일부 대기업의 직원들은 대학생들과 멘토와 멘티의 관계를 맺어 취업에 도움을 주기도 하고, 대학에서는 신입생들을 위한 멘토 프로그램을 운영하느라 화창한 봄날 분주하다. 이와 유사한 멘토들이 우리사회 신출내기들의 삶을 이끌고 있다.

고대 그리스 이타이카 왕국의 오디세이가 사랑하는 아들 텔레마코스를 가장 믿을 만한 친구에게 맡기고 트로이 전쟁에 참가하게 되는데, 전쟁이 끝나고 세월이 흐른 후 집에 돌아와 보니 옛 친구는 자신의 아들을 훌륭하게 성장시켜 놓았다. 오디세이가 전쟁터로 떠나면서 아들을 맡겼던 친구의 이름이 멘토(Mentor)다.

우리 사회에서 멘토의 의미는 세상경험이 일천한 젊은 세대의 상담자, 또는 조언자라고 할 수 있다. 또는 에베레스트와 같은 높은 산을 올라갈 때 짐을 날라다 주기도 하고 위험을 알려주는 셀파처럼, 훌륭한 안내자인 동시에 동반자라고 확대 해석해 볼 수도 있다. 셀파의 경험은 높은 산을 오르는 사람들에게 꼭 필요할 것이고, 일상에서도 셀파와 같은 사람이 옆에 있어 준다면 수월한 삶을 살수도 있을 것이다. 그래서인지 요즘 우리사회는 '무소의 뿔처럼 혼자서가라'보다는 멘토들이 늘 따라 붙어 안전한 '항해'를 주문한다.

왜 조언자와 안내자가 예전보다 더 옆에 있어야 하는 것일까? 그 근원에는 우리 사회의 극단적 무한 경쟁체제가 존재한다고 볼 수 있다. 오디션 프로그램처럼 가수 한명이 꼭 탈락해야 하는 게임은 출연진 모두를 불안하게 만든다. 지금은 승자지만 언젠가는 게임에서 탈락할 수 있기 때문이다. 그러니 어느 게임도 유쾌할 수가 없다. 그런데도 경쟁의 탈락자일 수도 있는 방청객과 시청자들은 누군가가 떨어지는 일에 점수를 주어 동참하기도 한다. 이러한 오디션 음악프로그램과 같은 작동방식이 현대 사회를 굴러가게 하는 운영방식이다.

경쟁 없는 사회가 있을 수는 없을 것이다. 그러나 누군가는 꼭 탈락해야 한다는 운명은 삶을 우울하게 만든다. 9개의 의자에 10명이 걸터앉는 방식은 불편하고, 불가능한 것일까? 개개인의 불안이 내재화 될 때 우울증으로 발전될 것이고, 이것이 밖으로 드러날 때 사회적 폭력이 될 것이다. 정치가 이러한 사회적 불행의 고리를 경감시키거나 단절해 주어야 한다.

대학을 졸업하고도 직장을 갖지 못하는 수많은 젊은이들은 스스로를 사회에 필요 없는 '잉여인간'이라고 생각한다. 이 말은 독일의 유태계 철학자 한나 아렌트(Hannah Arendt, 1906~1975)의 개념이기도 하지만, 이 사회 어디에도 소속하고 있지 못한 나는 의미 없는 존재이며 내가 하는 일상행위가 소위 별 볼일 없는 '삽질'이라고 생각한다. 나의 행위가 사회에 아무런 영향을 끼치지 못한다는 것이다. 직장을 찾기가 예전에도 어려웠지만 지금은 더 어려우며, 직장을 구한다 하더라도 비정규직일 가능성이 많고, 정규직이라 할지라도 정년퇴직은 쉬워 보이지 않는다는 것이 현실이다.

어느 대기업 총수의 말처럼 마누라 빼고 다 바꿔야 생존할 수 있다는 위기의식이 우리 사회의 현실이다. 모든 에너지를 쏟아 생산성을 극대화하고 이것이 이익으로 돌아 올 때 사회가 제대로 굴러 갈수 있는 체제다. 하이예크(Friedrich Hayek, 1899~1992)를 따르는 신자유주의자들은 경제체제로서 시장 근본주의가 우리의 사회를 더욱 발전시킬 수 있을 것으로 믿으며, 자유경쟁주의가 법의 지배아래 적절히 보장된다면, 시장원리를 충실히 따른다면, 국부(國富)가 무한히 증진될 수 있다고 생각한다.

이러한 경쟁체제에서 탈락은 곧 루저(looser)가 될 수 있으니 경쟁에서 뒤처지지 않기 위해 옆에 믿을 만한 멘토가 있어야 하는 분위기다. 여기에 멘토마저 신중하지 못하고 경쟁의 분위기를 가속화 시킨다면 이 사회의 미래는 더욱 각박한 세상이 되고 말 것이다. 짜증나는 사회는 막말과 폭력으로 그 신호탄을 쏘아 올린다. 길을 가다 살짝만 부딪혀도 상대방을 잡아먹을 듯이 쳐다본다.

경쟁이 가속화 되고 멘토들의 역할이 분주한 이 시대, 멘토들은 멘티에게 무슨 철학으로 어떤 조언을 해야 할지 고뇌하지 않을 수 없다. 남의 인생을 안내하는 멘토의 신중함이 요청된다. 순자(荀子)는 "묻지도 않았는데 남에게 알려주는 것은 경솔함이고, 하나를 물었는데 둘을 알려 주는 것은 수다스러움이다."라고 말했다.

■ 2012.4

누구를 뽑을 것인가?

우리는 4월 11일이면 선거를 통해 새로운 국회의원을 뽑게 된다. 앞으로 이들이 국가와 지역을 위해 적어도 4년간 유권자들의 대리인 역할을 할 것이다. 선거란 모든 사람들이 직접 정치에 참여할 수 없으니 대리인을 뽑는 행위다. 어느 개인이 바빠서 누군가에게 일을 대신 시키고자 할 때 먼저 고려해야 할 요소가 대리인에 대한 믿음일 것이다. 그에 대한 믿음은 일처리 능력 뿐 아니라 인품까지도 해당된다고 할 수 있다. 그러나 아무리 능력이 출중하더라도 그가 정직하지 못하다면 일을 맡긴 사람은 큰 낭패를 보기 쉽다. 대리인이 능력 있고 정직할 때만 누구나 일을 맡기고 싶을 것이다.

선거를 통해 국회의원을 뽑는다는 것은 개인의 대리인을 선정하는 것과는 사뭇 다르다. 개인의 대리인과 국회의원이 사회에 끼치는 영향이 크게 다르기 때문이다. 대리인이 잘못을 저지르면 그 개인이 손해를 보게 되지만 국회의원이 정직하지 못하다면 많은 사람들이 고통과 스트레스를 받게 된다. 그래서 국회의원을 뽑을 때 더욱 꼼꼼히 따져보아야 하는데 현실은 그렇지 못하다. 유권자들이 먹고 사는 일에 바쁘기도 하거니와 국회의원 후보자들이 내놓는 공약이 국가와 지역에 유익한지를 유권자로서 분별하기가 지난한 일이기 때문이다. 또 정책의 옳고 그름이 국회의원을 뽑는 선택기준이 되어야 할 텐데, 대개의 경우 정책이 대동소이하여 변별력이 없다. 그렇다보니 4년이 지나서 국회의원을 평가할 때도 그가 정책대결을 통한 유능한 정치인이었는지 그 객관성을 검증하기가 쉽지 않다.

우리가 유능하다고 생각되는 지역 국회의원 모습을 떠올려 보면, 지역에 예산을 많이 따오고 경제적으로 지역에 도움을 주는 경우라 할 수 있다. 또는 지역구를 잘 관리하여 지역 대소사를 챙기고 공·사적인 자리에 얼굴을 내비치는 경우다. 그러나 이제 이런 것으로 유권자의 정치인에 대한 허기를 채울 수 없다. 유권자의 의식이 높아져 경제적인 문제로 환원되는 정책만으로 정치적 열정이 일어나게 하기도 어렵다.

사람들은 국회의원을 비롯한 정치적 지도자에게서 정책을 넘어 어떤 인격적인 힘을 발견하고자 하는데 이것이 정치적 카리스마라 할 수 있다. 현대의 정치인에게 카리스마는 도덕적 위엄을 갖출 때 나타난다. 막스 베버도 경제적 이해관계를 초월하는 곳에 카리스마의 특징이 있다고 말한다. 사회 분위기가 침체되어 있을 때 사람들은 정치지도자에게서 삶의 비전을 찾고 싶어 하며, 그 비전은 기초적인 경제행위 너머에 있다. 어느 정도 먹고 살만하면 삶의 질은 그것에 있지 않기 때문이다. 즉, 경제적 토대위에 도덕적 위엄을 갖춘 자가 삶의 비전을 신비롭게 제시할 때 그에게 사람들은 빠져들게 되는 것이다.

그러나 유권자들은 4년 뒤에 우리 경제적 현실이 크게 나아지지 않을 것이라는 것을 영악하게도 알고 있기에 후보자들에게 도덕성과 정직성을 요구하는 것이다. 후보자들이 세상을 바꾸어 보겠다고 주먹을 불끈 쥐고 이웃을 소란스럽게 하지만 유권자들은 후보자가 정직하고 깨끗한 삶을 살아왔고, 앞으로도 그렇게 할 것이라는 개연성(蓋然性)을 확인하고 싶어 한다. 영국의 저명한 인사들이 잠들어 있다는 웨스트민스터 대성당 지하묘비에 다음과 같은 내용의 묘비명이 있다고 한다.

> 나는 세상을 변화시키겠다는 꿈을 가졌었다. 그러나 나이가 들어 지혜를 얻었을 때 세상이 변하지 않으리라는 것을 알았다. 시야를 약간 좁혀 내가 살고 있는 나라를 변화시키겠다고 결심도 했다. 그러나 그것 역시 불가능한 것이라는 것을 알았다. 그래서 가까운 내 가족을 변화시키려고 마음먹었다. 그러나 아무도 달라지지 않았다. 이제 죽음을 맞이한 자리에서 나는 문득 깨닫는다. 내가 내 자신을 변화시켰더라면, 그것을 보고 가족이 달라지고 나라와 세상이 변화되지 않았을까.

후보자들이여! 세상을 바꾸겠다고 이웃을 향해 핏대를 올리지 말고 정직하고 성실한 대리인이 되겠다는 진정성을 먼저 보여주시

라. 그러면 어렵지 않게 표를 얻을 수 있을 것이다.

공자는 정치의 요체를 설명하면서 족식(足食: 경제적 풍요), 족병(足兵: 전쟁 억지력), 민신지(民信之: 국민의 신뢰)라고 했다. 이에 제자 자공(子貢)이 이들의 우선순위를 묻자, '국민의 신뢰와 경제와 국방'의 순이라고 답한다. 이것은 공자가 각 나라를 주유천하(周遊天下)하면서 세상을 바라본 그의 일이관지(一以貫之. 하나로 꿰뚫어 봄)라 할 수 있다. 국민들이 정치인을 믿지 못하면 아무리 열심히 일을 해도 그것이 별 소용이 없다는 이야기다. 믿음이 정치의 근본이라 할 수 있다. 정치인과 국민의 관계뿐만 아니라 정치인들 사이에서도, 개인끼리도 신뢰와 의리가 중요하다. 어느 당의 대표자 격인 사람이 '의리가 없으면 인간도 아니다'라고 했다는 말은 그녀가 처한 상황을 떠나서라도 의미 있게 들린다. 정치인에게만 해당되는 말은 아닐 것이다.

얼마 전 독일의 크리스티안 불프 대통령이 사임한 외신 뉴스가 있었다. 그가 대통령에서 사임한 주요 원인은 법적으로는 하자가 없었다고 하지만 그가 공인으로서 정직성을 보여주지 못했기 때문이다. 독일의 정치인에 대한 도덕적 잣대는 엄격해 보인다. 우리나라에서는 몇 억 원씩 정체를 밝힐 수 없는 돈이 정치인과 연관된 계좌에서 발견되어도 꿈적하지 않는 것을 보면 독일의 정치문화와는 사뭇 달라 보인다. 정치인이 정직하지 않을 때 사임할 수밖에 없는 독일 사회는 도덕적으로 성숙된 사회가 아닐 수 없다. 이런 사회에서 정직은 정치인이 지켜야하는 명예와 같은 것이며 도덕적 위엄은 강한 지도자를 만들어 내는 요소가 된다.

우리의 성숙한 사회를 위해서, 국회의원을 비롯한 정치인을 뽑는 선거에서 후보자의 높은 정직성과 도덕성을 더 요구해야 한다. 정치는 세간에서 선 · 악이 선명하게 구분되는 분야가 아니기 때문이다. 긴 호흡으로 보면 국가의 미래를 불안하게 할 포퓰리즘적 선거공약, 허접한 정책을 들고, 인맥 · 학맥을 통해 비루(鄙陋)하게 표를 구걸하는 후보보다는 도덕적으로 깨끗하고 정직한 성품을 지닌 사람이 지역을 발전시킨다. 지나온 역사가 이것을 말해 준다.

좋은 국회의원을 뽑는 경우보다는 도덕적으로 나쁜 국회의원을 피하는 경우가 국가와 지역발전에 훨씬 중요하다. 좋은 지도자들이 사회발전에 기여할 여지는 그리 크지 않지만 나쁜 지도자가 사회에 끼칠 해악에는 한도가 없기 때문이다. 유권자들이여! 누구를 뽑을 것인가? 판단이 서지 않을 때는 후보자의 정직성과 도덕성을 찬찬히 살펴보시라. ■ 2012.3

빚의 복수와 일자리 만들기

가정 형편이 어려워 휴학하고 싶어 하는 대학생들이 증가하고 있다. 경제가 어렵다는 증거다. 최근 한국은행의 발표에 따르면 우리나라 가계부채 총액이 912조원을 넘어서고 있다고 한다. 한 가구당 부채가 약 4,560만원에 이르는 꼴이어서 정부는 가계부채를 줄이기 위한 대책에 골몰하고 있다. 그러나 은행에서 돈을 빌리기 어렵게 되면 돈이 필요한 사람은 이자율이 더 높은 제2금융권으로 몰려가서 돈을 빌릴 수밖에 없다. 이 은행에서 빚을 얻어 저 은행에 빚을 갚는 소위 '빚 돌려막기'하는 사람들이 약 380만 명에 이른다니 하루하루가 지옥 같은 날의 반복일 것이다. 반값 아파트, 반값 대학등록금이 가능할 것처럼 목청을 높였던 정치인들은 어디론가 사라지고 여기에 현혹되었던 사람들만 한숨짓고 있다. 자본주의 사회에서 개인의 빚을 정부가 탕감해줄 수 없는 일인데 그럴 수 있다고 주장하거나 그것에 현혹되는 것은 근본에서 벗어난 일일 것이다.

2007년 이명박 정부가 들어선 것도 그 당시 어려운 경제문제를 해결해 달라는 국민의 염원이 담겨있었다. 이명박 대통령은 선거 공약으로 성장률 7%, 국민소득 4만 달러, 선진 7대 강국이라는 '747'을 내세웠지만, 현재의 국민소득으로 볼 때 그 성취는 절반에 불과하다. 오히려 잘사는 사람과 못사는 사람의 격차는 더 벌어졌으며 대기업과 중소기업 간의 거리는 따라올 수 없을 정도로 멀어졌다. 노무현 정권의 말기처럼 현재 이명박 정부도 권력누수 현상과 무력감으로 자신들의 공약을 이루기 어려워 보이며 중산층은 빚에 쪼들려 가고 있다.

새로운 정부들이 어려운 경제문제를 해결해 보겠다고 나서지만 왜 점점 경제는 더 어려워지는 것일까? 걱정 없이 행복해 보이는 세상은 유토피아에만 존재하는 것일까?

정치인들이야 내가 어려운 경제를 해결할 수 있다고 감언이설(甘言利說) 하지만 국민들은 그들의 말을 더 이상 믿으려하지 않는다. 현재 우리사회에 작동되는 사회적 시스템으로는 행복한 세계가 불가능해 보이기 때문이다. IMF이후 소위 신자유주의 정책으로 사회가 무한경쟁의 체제로 돌아가면서 소득이 약간 늘어났다고 하지만 행복하다고 느끼는 국민은 오히려 적어졌다. 행복해 질 줄 알았는데 스트레스 받는 사회가 되고 있다. 보건복지부의 2011년 정신질환 실태보고서에 따르면 한국에서 평생 우울증을 앓은 적이 있는 성인은 271만 명으로 10년 전에 비해 63%나 늘었다. 인구 10만 명 당 자살자 수도 2000년의 13.6명에서 2010년의 31.2명으로 급증했다. 하루 평균 30명 이상이 자살한다. 치열한 경쟁에서 뒤쳐

진다는 불안감이 결국 자살로 이끌게 한다. 경쟁 없는 사회는 있을 수가 없겠지만 치열한 경쟁은 불안을 낳고 불안은 자살을 불러 온다. 경제가 어려워지면 마음이 불안해지고 그것으로 인해 자살이 늘어나는 것은 어려운 예측이 아니다.

그러나 치열한 경쟁에서 얻은 재물의 증가가 어느 정도에 이르면 꼭 그것이 행복으로 연결되지 않는다는 것이 '이스털린의 역설'(Easterlin paradox)이다. 허기가 채워지면 빵에서 밀가루냄새가 나는 것과 마찬가지 이치다. 돈으로 행복을 살 수 있는 시대는 저물고 있다. 행복은 돈보다 마음에 더 달려있기에 근본적인 행복은 경제가 해결해 주지 못한다. 행복하다고 느끼는 사람들의 비율이 미국보다 방글라데시에 더 많다. 선택지가 많을 때보다 적을 때 오히려 행복해질 수 있다.

1949년 미국에서 초연된 연극 「세일즈맨의 죽음」은 비정한 자본주의 사회에서 경쟁과 가난으로 짓눌려온 윌리 로만이라는 남자가 결국 돈 때문에 보험금을 타내기 위해 자동차사고로 위장하여 자살한다. 36년간 자동차 세일즈맨으로 평생을 살아왔지만 빚에 허덕이다가 돈도 벌지 못하고 자식들도 성공시키지 못한다. 물질적 성공이 인생의 가치를 결정짓는다고 생각해왔던 윌리는 자신의 죽음이 가족들을 위한 마지막 헌신으로 생각하고 자동차를 판매하는 대신 보험금을 타 아들에게 주기 위해 자신의 목숨을 헛되이 버린다. 평생 빚 갚는 일에 몰두하다가 다 갚는 시점에 죽음을 맞이하는 모습은 이 연극이 보여주려는 현대사회의 아이러니 그 자체라 할 수 있다. 펑펑 쓴 돈 때문에 죽어야하는 현실이다. 돈 중심의 사회구조는 행복보다 불행을 낳고 있음을 이 연극은 보여준다.

『세일즈맨의 죽음』은 약 60년 전 미국의 일이지만 현재 우리의 모습과 크게 다르지 않다. 우리도 은행에서 돈을 빌려 비싼 아파트를 구입하고 이자와 원금 갚는 일에 몰두한다. 오르리라 기대했던 집값이 오히려 떨어지니 팔수도 없고 빚만 늘어간다. 아파트에 돈이 묶여 있는 우리의 현실을 보면 집값의 급락이 우리 경제를 위험에 빠뜨리게 할 수 있다. 이것이 현실화되면 우리도 그리스의 전철을 밟지 마라는 법이 없다. 공무원, 군인, 사립학교 교원의 연금도 줄이고 자살자가 늘어날 가능성을 배제할 수 없다. 현재의 해결방법은 일자리를 많이 만들어 노동의 기회를 주고 가계 소득을 높여 빚을 갚는 길이다. 오히려 복지를 확대하여 소비를 진작시켜야 할지 모른다.

빚을 갚지 않으면 빚의 습격이 시작될 뿐이다. 그래서 정치권은 복지 축소 논쟁도 좋지만 일자리 만드는 일에 정책의 우선을 두어야 한다. 복지도 일자리를 통한 복지이어야 한다. 양질의 일자리 창출만이 빚의 습격에서 벗어나는 길이다. ■ 2012.3

융합과 창조적 상상력

'융합'이라는 글자는 요즘 우리 사회에서 쉽게 볼 수 있는 단어이다. 안철수 교수도 서울대학교 융합과학기술대학원장이다. 그가 의학, IT, 경영학 등을 공부했으니 현재의 직함이 그의 경력에 걸맞아 보인다. 그의 성공에서 볼 수 있듯이 '우물을 파도 한 우물을 파라', '두 마리 토끼를 좇다가 한 마리도 잡지 못 한다'라는 격언은 우리시대에 더 이상 유효하지 않다. 사회에 진출하는 젊은이들도 여러 분야를 두루 두루 '통섭'(統攝)해야 성공에 다가갈 것 같다.

융합의 사전적 정의는 '다른 종류의 것이 녹아 서로 구별 없게 하나로 합하여지거나 그렇게 만들어 지는 것'이다. 20세기만 하더라도 학문 분야들이 세분화되었지만, 21세기에는 학문들이 새롭게 융합되어 태어나고 있다. 학문의 경계를 뛰어넘어 융합되는 분야들이 생겨나는 것은 지식정보 사회에서는 이상하지 않은 일이다. 컴퓨터 사용이 그러한 역할을 가속화 시키고 있다. 다양한 정보를 가상의 구름 속에 올려놓고 상상력을 통해 하나하나 뽑아 융합하여 쓸 수 있게 해준 것이 컴퓨터이기 때문이다. 이제 지식은 창고에서 꺼내어 융합하여 쓰는 역사적 자료물이 되고 있다. 21세기는 역사적 자료를 변형하여 새롭게 쓸 수 있는 상상력이 어느 때 보다도 중요하다고 볼 수 있다. 상상력은 무엇을 새롭게 만들어 낼 수 있는 깨어 있는 정신이다.

이십년 이전만하더라도 조선왕조실록을 연구하는 학자들이 어느 왕이 무슨 말을 했는지 알아보기 위해 어려운 한문 공부를 하고, 그 내용들을 카드로 만들어 놓아야 했지만 이제는 컴퓨터에서 알고자 하는 내용을 몇 초 안에 파악할 수 있다. 미 · 적분으로 댐을 어떻게 막을 것인가 예전에는 모두 계산했지만 이제는 3D입체영상으로 미리 댐을 만들어 보고, 치과에서는 임플란트를 하기 전에 입체영상으로 치아를 심어 보기도 한다. 새로운 공부방식이 요청되는 것이다. 미리 생각했던 것을 컴퓨터를 통해 시각화하는 셈이다. 즉 창조적 상상력을 통한 융합이다. 이질적인 두 물질 또는 두 상황이 섞이거나 합하여 새로운 것으로 되기 위해서는 창조적 상상력이 그 밑면에 깔려 있어야 한다.

단순히 두 물질이 물리적으로 섞이는 것은 합병일 뿐이다. 19세기 초 영국 낭만주의 시인이었던 코울리지(Samuel Taylor Coleridge)는 「상상력」(The Imagination)이라는 글에서 상상력은 '고정되고 죽은 것에 생명력이 넘쳐나게 하고', 공상(fancy)은 '경험적 현상(empirical phenomenon)들을 섞어놓거나 수정하는 일'이라고 정의하고 있다. 이미 죽은 듯이 보이는 것들에 숨결을 불어넣어 융합하는 것이 상상력이고 기계적으로 섞어놓는 것은 공상이라는 견해다. 창조적 상상력만이 새로움을 창출하는 리비도(libido)라 할 수 있다.

융합은 이질적인(heterogeneous) 것들이 결합되어 새로운 것으로 전환될 때 가치가 크다. 진화학과 경제학이 만나 '진화 경제학'이 되기도 하고, 야구와 경영학이, 손자병법과 경영학이 만나 베스트셀러로 탄생되기도 한다. 최근에는 금강경이 주식투자와 만나 대박을 터뜨리기도 한다. IT와 디자인 분야와의 결합은 이제 스티브 잡스를 통해 상식처럼 되어버렸다. 얼음이 녹으면 물이 된다는 자연과학적 사고방식과 얼음이 녹으면 꽃이 피고 새가 지저귄다는 봄을 연상하는 인문학적 사고의 만남은 '멋진 신세계'로의 여행을 가능하게 해준다. 어떤 분야들을 어떻게 융합하느냐가 중요하다.

한 우물만 파면 실패할 것 같지만 그래도 한 우물을 먼저 깊게 파야 성공한다. 여기저기 깊이 없이 기웃거리다 보면 하나도 제대로 알지 못하여 전문가가 되기 어렵다. 열 가지 재주 가진 사람이 팔도를 빌어먹는다는 옛말은 그래서 지금도 유효하다. 불확실한 미래와 평균수명의 연장 때문에 우리시대는 또 다른 우물파기가 요구된다. 우물들끼리 네트워크를 형성해야 한다. 다양한 방면에 관심을 표명하며 그 분야에 능숙한 인간형을 우리는 '르네상스형 인간'이라고 부른다. 역사 속에서 이런 인물들을 만날 수 있다. 음악, 미술, 건축, 군사공학, 도시계획, 비행기계의 디자인, 해부 등에 깊은 관심을 가졌던 레오나르도 다빈치, 건축, 미술, 조각, 시에 탁월했던 미켈란젤로, 정치가, 과학자, 악기발명가, 외교가, 저술가였던 벤저민 프랭클린, 맥나라마,• 정약용, 홍대용 같은 인물이 여기에 속한다고 볼 수 있다. 이들은 다방면에 일가견을 이룬 인물들이다.

『르네상스형 인간』의 저자인 마거릿 로벤스타인(Margaret Lobenstine)은 한가지에만 몰두하는 모차르트보다는 벤자민 플랭크린(Benjamin Franklin) 같은 팔방미인이 현대에는 성공할 수 있다고 주장한다. 다양한 분야에 관심을 갖는 인간형이 되기 위해서는 우선 다양한 독서를 통해 창조적 상상력을 키워야 할 것이고 학교도 그렇게 교육해야 한다. 그러나 요즘 대학들이 학생유치를 위해 학과의 이름을 섣불리 바꾸는 경향이 있는 듯싶다. 어느 분야의 학문을 어떻게 융합하여 어떻게 시너지 효과를 낼 것인가 하는 구체적 매뉴얼 없이 주먹구구식으로 이름부터 바꾸어 버린다면 맛없는 '섞어찌개'를 만드는 선무당 역할을 하게 될 것이다. 조만간 그 학과의 이름은 어느 정당의 이름처럼 역사 속에 사라질 것이다.

에드워드 윌슨(Edward Wilson) 교수가 강조하는 학문 간의 '통섭'이 이루어지기 위해서는 각 분야의 전문가들이 그 분야의 우성인자를 끄집어내고 어떻게 짝짓기 해야 할 것인가에 대한 깊은 성찰과 소통이 필요하다. ■ 2012.2

• 최연소 하버드대 경영대학원 교수로 44세에 포드자동차 회사 사장, 국방장관을 지냈다. 예술에 박식하고 베트남 전쟁에 깊이 관여한 사람이다. —다큐멘터리 영화「전쟁의 안개」중에서

「부러진 화살」, 폭력의 아포리아

「부러진 화살」이라는 영화로 세상이 떠들썩하다. 영화 한편이 그만큼 우리 사회에 끼치는 영향력이 크다는 증거다. 70년대 중반 「별들의 고향」이라는 영화가 요즘말로 대박이 났을 때 어느 다방의 입구에는 이 소설의 여주인공 '경아가 얼어 죽었음'이라는 문구를 내 걸렀다. 에어컨이 많이 보급되지 않았던 시절이라 경아가 얼어 죽을 정도로 냉방이 잘되고 있다는 주인의 재치 있는 홍보 문구였다. 그만큼 소설, 연극 같은 예술작품들도 직간접으로 사회에 커다란 영향을 끼치고 있음을 알 수 있는 대목이다. 영화 「부러진 화살」도 우리 사회에 많은 논쟁을 예고해 놓고 있고, 일부 지방법원에서는 재판이 끝나고 방청객 의견을 수렴하여 담당판사에게 전달하는 변화가 시작되고 있다.

이 영화의 겉 구조는 누가 거짓말을 하고 있는지, 왜 재판부는 변호인의 요구를 반복하여 기각했는지 이지만 근본적으로는 사법부에 대한 불신이다. 고압적이고 문턱이 높다는 이야기다. 개인의 억울함을 정당하고 적법하게 해결해 주어야 할 사법부가 오히려 개인에게 폭력을 휘두를 때 개인은 어떻게 해야 하는가의 문제로 이 영화를 한번 굴절시켜 볼 수 있다. 사법부라는 국가 장치가 국민 모두에게 공평하게 억울함을 호소할 수 있는 기회를 주지 못한다면 불만이 터져 나오게 마련이다. 그 불만을 인위적으로 누가 만들어낸다기보다는 조직 스스로가 불신을 자초해서 생긴 경우가 많다.

또 벤츠를 받은 여검사와 막말이나 '가카새끼'와 같은 비속어를 사용하는 일부 판사들처럼 개별적으로 그 조직이 쌓아온 공든 탑을 스스로 허무는 경우도 있다. 이것은 그 조직에게도 비극일 뿐만 아니라 사회적으로도 큰 손실이다. 조직이 그럴듯해 보이지만 내부를 들여다보았더니 허접한 모습이라는 의미다. 검찰뿐만 아니라 교수, 목사들의 조직에도 상존하는 허접한 모습들이 앞으로도 '벤츠 여검사'처럼 변형된 형태로 드러날 가능성이 높다.

대법원은 「부러진 화살」이 허구에 기초한 영화라는 사실을 잊지 말고 보아달라고 부탁한다. 그러나 그렇게 할 필요까지 있었을까 하는 의문이 든다. 영화를 보러 극장에 가는 행위는 영화가 영화라는 사실을 인정하고 가는 것이다. 영화가 허구라고 생각하지 않고 보게 되면 무슨 큰일이라도 발생하게 되는 것일까? 사법부에 대한 국민들의 저항이 예상되기 때문일까? 사실과 허구를 구분 못하는 관객이 걱정 되어서였을까? 예술이 허구이기는 하지만 거울처럼 현실을 반영한다. 그 거울이 평면거울, 오목거울, 볼록거울일 수 있고, 또 어느 거울을 어떻게 들고 있느냐는 작가의 창조행위와 관련이 된다. "영화는 '팩트'(사실)가 아니고 '픽션'(허구)이야"라고 일부러 알려줄 필요가 없다. 현실과 동떨어진 이야기를 하고 있을 때 관객은 판타지 영화를 본다고 느낄 것이고 관객이 동감을 할 때는 우리의 현실이 그렇다고 인정하는 것이 될 것이기 때문이다.

「부러진 화살」의 형식논리와는 달리 이 영화가 우리 사회에 의미 있게 시사하는 바는, 김명호 전 성균관대 교수와 재판부의 갈등처럼, 개인이 어떤 조직의 부당성에 저항하고 그 조직이 더 체계적으로 개인에게 폭력을 행사할 때 개인이 할 수 있는 방법이 무엇인가하는 문제이다. 모든 가능성의 폭력을 제압할 수 있도록 국가가 개인으로부터 복수할 수 있는 권한을 몰수 해버렸기 때문에 국가가 개인에게 계획적 폭력을 행사할 경우, 개인은 무방비 상태에 이를 수밖에 없다. 아니면 석궁을 들고 조직을 향해 쏴야만 하는가의 문제이다. 또는 간디처럼 '비폭력'(nonviolence)이나 새로운 개념인 '반 폭력'(anti-violence)을 외쳐야만 하느냐의 문제이다.

알바니아의 작가 이스마엘 카다레(Ismail Kadare)의 소설이자 영화화 되었던 『부서진 사월』은 폭력에 폭력으로 맞설 때 폭력의 '아포리아'(해결할 수 없는 문제, 막다른 골목)를 보여준다. 알바니아 산악지대에서 행해지던 카눈(kanun)이라는 관습법은 눈에는 눈, 이에는 이라는 형식으로, 피해자 측은 가해자 측에게 복수를 감행한다. 카눈에 따라 보복 살인을 해야 하는 그조르그라는 주인공은 여러 번의 매복을 통해 살인을 완수한다. 그러나 상대방을 살해하면 그도 상대방으로부터 살인을 당해야 하는 운명에 처하게 된다.

끝없는 복수가 자행되며 70여 년 동안 40명 이상이 복수의 대상으로 총칼에 쓰러진다. 그 산악마을에서는 '살인하지마라'가 아니라 '살인하라'이다. 역설적이게도 작가는 '피의 회수'를 통해, 즉 카눈이 유의미 할 수 있다는 패러독스를 보여주고 있다. 살해한 자는 반드시 살해 된다는 복수의 비극이다. 카다레는 카눈이 겉으로는 매우 잔인하게 보이지만 어느 헌법보다도 공평하다고 주장한다. '피에는 피'라는 원칙이 적용되는 그곳에서는 함부로 유혈사태를 벌일 수 없기 때문이다. 근본적으로 영화 '부러진 화살'도 김명호가 자신의 억울함이 공정하고 공평하게 처리되지 못했다고 사법부에 화살을 겨눈 것이다. 부러진 화살이 겨눈 곳은 판사 개인이 아니라 제대로 역할을 해내지 못하는 국가장치 시스템이 문제라고 해야 할 것이다.

개인과 개인, 개인과 조직의 복수는 끝없는 폭력의 아포리아를 만들어내지만 복수가 없는 사회는 정의롭지 못한 사회이다. 합법화되고 정당화된 법치가 힘 있고 강한자의 편에 서서 강한 조직을 대변할 때, 개인은 자신이 흘린 피를 회수하지 못한다. 말 그대로 약한 자와 가지지 못한 자가 피를 본다. 유전무죄, 무전유죄다. 복수는 자신이 흘린 피를 다른 사람의 피로 회수하는 것이다. 복수가 제대로 이루어지지 않고 복수를 두려워하지 않는 사회는 타락할 수밖에 없다. 사법부라는 국가장치가 제 역할을 해내지 못하는 사회는 비극의 톱니바퀴에서 벗어나기 어렵다.

이스마엘 카다레는 이소설의 끝에서 독자들에게 이렇게 묻고 있다. "이 불행한 산악지방 주민들을 위해 당신은 무엇을 하기는커녕 관객이 되어 그들을 구경하고 재미있는 소재를 찾고 있소. 한 민족 전체가 피비린내 나는 연극을 공연하도록 몰아넣고는, 당신은 귀부인들과 함께 박스 좌석에서 그 연극을 관람하는 거요!" 우리도 연극을 무심코 즐기는 방관자일는지 모른다. ■ 2012. 2

고문과 폭력의 트라우마

독재정권의 무자비한 탄압에 온몸으로 저항했던 '민주주의자' 김근태가 고문 후유증을 이겨내지 못하고 안식의 땅으로 돌아갔다. 그는 파킨슨을 비롯한 여러 질병으로 고문의 징후를 보여주었지만 그를 고문한 이근안은 "내가 했다는 전기고문은 220볼트 전기를 쓴 것이 아니라 손가락만한 AA건전지로 한 것이다"라고 진술하고 있다.

그러나 지하 고문실에서 발가벗겨져 공포에 휩싸여 있던 김근태는 "처음에는 짧고 약하게, 그러다 점점 길고 강하게 전류의 세기를 높였다. 이때 발등의 살가죽이 꺼멓게 탔다. . . . 팔꿈치에는 피딱지가 앉았고, 발뒤꿈치에서는 피고름이 흘렀다"라고 고문의 실체를 밝히고 있다. 고문하는 자는 고문이 일상의 행위였을 것이고 고문 받는 자는 그 고문이 극도의 공포 속에서 당하는 일이어서 두려움에 휩싸였을 것이다. 고문의 그림자는 결국 김근태를 놓아주지 않았다.

공포 속에서 이루어지는 고문과 폭력 그리고 폭언은 무의식 속에 심각한 트라우마(외상 후 스트레스 장애)를 남긴다. 월남전에 참가했던 군인들은 전쟁터에서 돌아온 후 비행기 프로펠러 소리, 냄새, 비명소리가 꿈과 환상 속에서 밤낮을 가리지 않고 그들을 괴롭혔다고 한다. 이 고통 속에서 어떤 이는 알코올 중독자가 되고, 어떤 이는 불면증에 시달리기도 했다고 한다. 이런 트라우마는 그들의 삶을 평생 지배할지도 모른다. 정신분석학의 창시자인 프로이트의 '쥐 인간' 사례는 폭언에 의해 트라우마가 발생할 수 있음을 밝히고 있고, 얼마 전 「세상에 이런 일이」에서도 아버지 폭언에 마음의 상처를 입은 아들이 몇 년 동안 고개를 들지 못하는 장애를 겪다 심리치료를 받은 후 간신히 고개를 절반쯤 들 수 있게 된 경우가 방영되기도 했다. 무의식이 의식을 지배하는 예라고 할 수 있다.

사람은 즐거움을 계속 추구하고 싶어 하는 '쾌락원리'와 동시에 고통스러웠던 기억을 없애버리려고 해도 자꾸만 나타나 죽음을 향하게 하는 '죽음 충동원리'를 축으로 살아간다는 것이 프로이트의 설명이다. 자아심리학은 자아(自我)가 죽음으로 몰고 가는 나를 죽지 못하도록 막아주는 것이 바람직한 삶이라고 설명한다. 그러나 자아가 강하지 못할 때 나는 죽음 앞에 무릎을 꿇을 수밖에 없다. 김근태의 경우도 그랬을까? 고통스러웠던 기억을 지워버리려 했겠지만 고문의 그림자가 늘 따라 다녔을 것이고, 그로 인한 후유증이 그의 생명을 단축시키고만 것이 아닐까?

참전자뿐만 아니라 성폭행 피해자, 화재현장에서 빠져나온 소방

관들에게서도 그 트라우마가 발견되곤 하는데 이것은 우리 일상이 전쟁터와 엇비슷해지고 있음을 보여주는 예라 할 수 있다. 요즘 중·고등학교는 물론 초등학교 교실에서 집단 괴롭힘과 폭언, 폭력이 학생들을 죽음으로 내몰고 있다. 얼마 전 대구에서 친구들의 집단 괴롭힘을 당하다 자살을 택한 ㄱ군의 "저희 집 도어키 번호를 바꿔주세요. 그 아이들이 알고 있어서 또 문 열고 저희 집에 들어올지도 몰라요."라는 유서는 전쟁터의 병사처럼 긴박한 공포감을 보여준다. 이 유서를 보고서야 아들이 집단 괴롭힘을 당했다는 것을 알았다니 그의 부모나 학교 선생님은 회한과 자괴감이 들지 않을 수 없을 것이다. 연평균 2,256시간인 한국 노동자의 평균 노동시간은 세계 1위이고 맞벌이 부부가 외벌이 부부보다 더 많은 현실이다 보니 부모는 아이들을 제대로 챙길 수 있는 시간이 충분하지 않을 뿐더러 문제를 알아도 잘 대처할 수 없는 것이 현실인 것이다.

엄마 아빠가 바쁘니 자식교육에 소홀할 수밖에 없고 아이들은 인터넷 게임의 유혹에 쉽게 빠져든다. 어느 지인의 아들도 인터넷 게임에 중독되어 결국 다른 학교로 전학가게 되었는데, 설상가상으로 전학 간 학급의 30명 중 10명 이상이 거의 게임중독 상태였다고 한다. 인터넷 게임 때문에 일상생활에 문제가 발생하는 경우는 요즘 아이를 키워 본 부모는 누구나 동감하는 이야기다. 자살한 ㄱ군의 유서에 "게임 캐릭터를 키우라고 협박하고, 게임에 쓰려고 돈까지 가져갔다. 갈수록 키우라는 양은 더 늘고, 때리는 횟수도 늘었다."라고 쓰고 있다. 친구를 괴롭혀 죽음으로 내몬 학생도 인터넷 게임의 중독자임이 밝혀졌다. 친구들과의 특별한 놀이문화가 없는 청소년들은 인터넷 게임에 빠져들게 되고 이것이 폭력의 원인으로 발전하고 있다.

학교 폭력이 한국사회의 현안문제로 떠오르고 많은 전문가들은 학교폭력근절을 위한 방안에 골몰하고 있는 것 같다. 그러나 사후약방문(死後藥方文)처럼 별 효과 없는 단기적 대응은 내놓지 말아야 한다. 폭력이 학교에서 발생하지만 그 뿌리는 가정과 사회에 있음을 알고 사회구조적 차원, 교육시스템의 차원에서 해결해야 한다. 사회가 그 무엇보다 시험 성적을 우선시하고, 학교의 프로그램은 학생을 일류대학에 보내는 것에 고착화되어 있는 한 이러한 문제는 해결되기 어렵다. 아이는 그 부모(사회)의 뒷모습을 보고 자라나기 때문에 문제의 아이들 뒤에는 늘 문제의 부모(사회)가 있음을 상기해야 한다.

학교 폭력은 학부모, 학교, 지역사회, 시민단체, 경찰까지도 지속적이고 체계적인 방안을 수립해야 효과를 얻을 수 있다. 청소년 시기에는 자기들만의 동질성 확보를 위해 같은 옷과 운동화를 신고 몰려다니며 폭력을 행사하기도 한다. 그러나 어른들은 가정과 사회에서 폭력, 폭언이 한 인간의 마음에 깊은 상처를 남기고 생명을 빼앗아 갈 수 있음을 가르쳐야 한다. 남의 마음을 아프게 하는 언행은 먼저 나에게 상처를 남기는 일이고 나아가 타자에게는 깊은 트라우마를 드리운다. ■ 2012.1

뭉크의 「절규」와
어느 허무주의자(?)의 삶

올해에는 김정일, 카다피, 스티브 잡스, 박태준 같은 인물들이 유명을 달리했다. 그들의 죽음을 보면서 삶이란 무엇이며, 어떻게 살아야 하는가? 하는 근원적인 질문을 스스로에게 던져 본다. 개인적 차원에서 본다면 악명을 날리던 사람이든, 인류의 삶을 윤택하게 했던 사람이든 실존적 삶의 현실에서는 고뇌하고 방황도 많이 했었을 것이다. 삶이 무엇인가 하는 질문을 던져본 적이 없다면 그는 진정한 '그'가 아니라 자신의 '마스크'로 살아왔을 뿐이다. 누구도 이와 같은 질문에서 자유로울 수 없다.

죽음을 전제로 태어난 모든 생명체는 죽음을 향해 조금씩 다가가지만 역설적으로 모두가 죽음을 거부한다. 사자의 이빨에 물린 톰슨가젤은 목숨이 끊어질 때까지 사자의 입에서 빠져 나오려고 발버둥 치며, 뱀의 입속에 들어간 개구리도 사지를 비틀며 뱀의 먹이가 되지 않으려고 용을 쓴다. 모든 생명체가 이렇게 죽음을 거부하지만 자연의 질서는 죽음을 그 옆에 놓아두고 있다. 인간도 자연의 질서에서 예외일 수 없다. 고등동물일수록 생명에 대한 애착은 더욱 강하다. 죽음을 전제로 태어났기 때문에 삶에 대한 집착이 강하다고 할 수 있다.

그러나 권태로운 것이 또한 인간의 삶이기도 하다. 하이데거는 『존재와 시간』에서 인간을 그 어떤 특별한 의미 없이 그저 세상에 '내던져진 자'로 정의하면서, 이 '내던져짐'에는 거룩한 신의 섭리도, 정해진 운명도 없다고 말한다. 그는 인간을 인간이라 부르지 않고 '거기(Da)에 있는 존재(Sein)' 즉 '현존재'(Dasein)라고 부른다. 어쩔 수 없이 이 세상에 내던져진 존재로서 자신의 선택과 결단에 의해서만 존재의 의미가 밝혀질 수 있다는 견해다. 자신이 항상 판단하고 결정해야 하니 불안과 염려가 뒤따를 수밖에 없다.

사무엘 베케트(Samuel Beckett)도 『고도를 기다리면서』에서 '무의미한 시공간' 안에 내던져진, 대본 없는 배우와 같은 인간의 모습을 보여준다. 죽음이라는 시간에 붙잡혀 있으면서 동시에 공허 속에 놓여 있는 인간의 본질을 베케트는 잘 그려내고 있다. 이 작품에서 블라디미르와 에스트라공은 고도를 한없이 기다린다. 그러나 고도가 누구이며, 언제, 어디서 오는지 아무도 아는 이가 없다. 에스트라공은 고도를 기다리고 있다는 사실조차도 자꾸 잊어버린다. 고도가 언제 오는지조차도 모른 채 무료한 하루하루를 보낸다. 고도가 누구냐는 질문에 베케트는 내가 알았다면 작품 속에 명시해 놓았을 것이라고 답했다고 한다. 우리의 삶이 그러하지 않을까 싶다.

이런 점에서 우리 모두는 별이 총총한 어두운 겨울밤, 어느 다리 위에서 어딘가를 향해 절망적으로 구원을 외치는 노르웨이의 화가 뭉크의 그림 「절규」 속의 주인공들이다. 이 세상 절규를 들어주고 반응하는 이는 아무도 없다. 저기 뒤에 따라오는 이는 죽음의 사자가 아니던가? 보이는 것은 추운 겨울밤 하늘 먼 곳에서 무심히 반짝이는 수많은 별들뿐이며 들리는 것은 우주의 한없는 침묵뿐. 우주의 별무리 속에는 교통경찰도 없으며 골목길을 안내해 주는 가로등도 없다. 우리는 어디로 가야할 지도 모른 채 서성이며 방황한다. 파스칼(Blaise Pascal)도 『신 없는 인간』에서 "이 무한한 공간의 영원한 침묵이 나를 두렵게 한다"고 적고 있다.

뭉크, 「절규」

왜 우리는 죽음이라는 제한된 시간 앞에서 권태로워하면서 동시에 치사해 보일 정도로 생명에 집착하는가? 조만간 죽는다는 것이 자명한데도, 사는 것이 고통이라는 것을 인정하면서도, 삶이 궁극적으로 허망하다는 것을 알면서도 우리는 왜 내일을 걱정하는가? 이것을 논리적으로 설명하기는 결코 쉽지 않다. 이것은 본능의 영역에 속하기 때문이다. 그러나 삶의 의미를 엮어나가는 것은 하이데거의 생각처럼 내가 정할 몫이다. 히틀러, 무솔리니, 카다피는 수많은 사람을 죽이고 처참한 죽음을 맞이하고, 김일성 부자는 죽어서 유리관 속에 죽어도 죽지 않은 듯 누워있다. 자신의 삶이 어떠한 모습이어야 하는지는 자신이 정할 몫이다. 죽기 전에 지난 삶을 돌이켜보면 『맥베스』의 5막 5장에서 말한 '삶은 아무런 의미도 없는 음향과 분노로 가득 찬 백치의 이야기'일 수도 있다. 의미를 찾기 위해 동분서주하다가 어떻게 세월이 흘러갔는지 알지 못할 수도 있다. 정년을 앞둔 어느 교수는 지난 30년이 잠시 나무그늘 아래서 담배 한 개비 피운 시간과 같은 느낌이라고 귀띔한다.

덧없는 것이 세월이다. 그러나 우리가 세상에서 어느 역할을 맡든 분명해 보이는 것은 바퀴벌레처럼 번식하며 그냥 존재하는 것이 아니라 윤리적 주체로서 끝까지 나를 확인하면서 수치스럽지 않게 살도록 노력하는 일일 것이다. 한해가 저물고 있다.

■ 2011.12

샤넬, 벤츠와 욕망의 심리학

현직 여검사가 벤츠자동차와 샤넬가방을 뇌물로 받아 구속되는 모습을 보면서 이래서는 안 된다는 개탄의 목소리가 터져 나오고 있다. 뇌물을 받거나 비리를 저지르는 행위를 찾아내 구속해야 할 검사가 오히려 뇌물을 받았으니 그 비판의 목소리는 더 높을 수밖에 없다. 이런 비리는 수없이 반복되어 왔고 앞으로도 없어질 가능성은 희박하다. 유독 이 여검사만 벤츠와 샤넬을 좋아하는 것은 아닐 것이기 때문이다. 여검사뿐만 아니라 불특정 다수의 사람들도 그럴 개연성이 작지 않다. 뇌물의 대상으로 등장하는 소위 명품 가방, 명품 시계, 명품 옷, 고급 승용차 등은 그것이 지닌 희귀성 때문이기도 하겠지만, 다른 심리적 요소들도 그 안에 내재해 있기 때문이다.

명품이 뭐 길래 다들 갖고 싶어 하는가? 명품은 편리하고 내구성이 있어서 소유욕을 부채질 할 수 있지만 그 이전에 이것은 우리의 '욕망의 구체적 대상'으로 존재한다. 나의 존재를 서로가 서로를 잘 모르는 대중사회에서 자신을 드러내줄, 즉 '내가 이런 이런 사람'이라는 표현 방법이기도 하다. 타자에게 나의 존재를 알릴 방법이 마땅치 않을 때 우리는 손쉬운 이 방법에 더욱 의존하게 된다. 자본주의화 과정에 놓인 중국에서도 명품족들이 사회 문제가 될 정도로 늘어나고 있고, 앞으로도 이런 추태가 지속될 가능성이 크다.

프랑스 정신분석학자 라캉(Lacan)에 따르면, 욕망은 이 세상을 살아가게 하는 보이지 않는 동력(動力)이다. 내가 저 대학교에 들어가기만 하면, 내가 저 사람과 결혼하기만 하면, 내가 저 지위에 오르기만 하면, 내가 얼마만큼의 돈을 벌기만 하면, 정말 행복할 것 같은 생각, 이것이 살아가게 하는 에너지다. 그러나 돈, 권력, 명예, 사랑 등은 손아귀에 잡혀지는 순간 그것은 손아귀에서 빠져나가 저 앞에 신기루처럼 다시 서 있다. 우리는 그것을 잡으려고 또 사투를 벌인다. 오직 죽음만이 이러한 욕망을 멈추게 할 수 있단다. 그래서 욕망은 '환유연쇄'(換喩連鎖)의 형식을 띈다고 라캉은 말한다. 욕망이 강해야 개인적으로 이루어내는 업적들도 많아질 것임은 당연하다. 그러나 무언가를 이루려는 욕망이 아니라 내 배만 채우려는 욕심이 문제다.

돈, 권력, 명예 등에 초연한 채 살아간다는 것은 라캉의 논리에 따른다면 생중사(生中死)의 상태다. 그렇지 않다면 가짜 도사일 가능성이 높다. 누구든지 돈을 많이 벌려고 하며, 권력과 명예를 누리려고 한다. 보은, 옥천, 영동을 지역구로 하고 있는 현직 5선으로서 팔순을 바라보는 이용희라는 국회의원은 수없이 당을 옮겨 다니다 얼마 전 자유 선진당에서 민주당으로 또 당적을 옮기고 있다. 이번 당적 이동의 주된 이유는 자기가 이제까지 출마했던 지역구의 다음 국회의원 선거에서 아들에게 유리하기 때문이라는 보도다. 당을 옮겨야 아들이 당선될 확률이 높을 테니 당적을 바꾸었을 것이다. 욕심이 하늘을 찌른다. 누구든지 돈이 많으면 자본주의 사회에서 살아가기 편리하다. 그러나 많은 사람들이 필요로 하는 돈은 빌 게이츠나 이건희 같은 재벌들이 지닌 천문학적 액수의 돈이 아니라 생존에 필요한 돈이다. 하루하루 먹고 살아가기 힘든데 어떻게 밥벌이에 초연한 채 살아 갈 수 있겠는가? 마르크스도 똑같이 잘 살아보자고 공산주의를 주창했지만 그런 유토피아는 이루어지지 않았다. 인간 능력이 모두 다르니 똑같이 잘 살 수는 없을 것이다.

우리가 지금 살아가고 있는 후기 자본주의(late capitalism) 사회는 인간의 욕망을 자극하고, 치열한 경쟁을 바탕으로 한 승자독식 구조이다. 누구나 게임에서 승리하려고 하며 좋은 물건을 차지하려고 한다. 벤츠를 선물 받은 여검사는 이런 경쟁 시스템의 승자이다. 소위 사회 지도층이나 재벌들도 이 시스템의 승자들이다. 그러나 이들이 돈, 권력, 명예 모두를 소유하게 되는 시스템에서는 문제가 발생한다. 많은 사람들이 상대적 박탈감을 느낄 수 있기에 그렇다. 자기들끼리 패거리 지으며 자신들의 이익을 위해 자신들만의 리그를 벌여서는 공정사회를 이루기 어렵다. 그래서 스스로 절제하는 삶이 자신과 사회에 행복을 가져다주고, 형이상학적 측면에서도 자신의 참모습을 되찾는 일이다. 그러나 정치권을 중심으로 한 많은 분야에서 부정부패가 만연해 있다. 이명박 대통령의 측근들은 돈을 받고 비리에 연루되어 구속되거나 수사 중에 있다. 돈과 권력의 끈끈한 유착관계를 잘 보여주는 한 예라고 할 수 있다. 우리사회에 부정부패가 만연해 있음은 얼마 전 발표된 부패지수가 OECD 국가 중 꼴찌라는 것에서도 알 수 있다.

그러나 정치인이 타락해 보인다고 해서 모든 정치인, 국민들이 그런 것은 아니다. 라캉은 인간을 욕망의 환유연쇄에 사로잡힌 존재라고 설명하지만 꼭 삶을 그렇게만 볼 필요는 없다. 동양적 사고에서 보면 인생의 목표가 100이어도 70~80에서 만족하는 방법을 터득할 수 있기 때문이다. 그래야 현실에서 행복할 수 있다. 그러기위해서 나를 제어하는 '내공'이 필요하다. 즉 자기의 욕심을 누르고 예(禮)로 나아간다는 극기복례(克己復禮)의 정신이다. 사회의 규범에 복종하는 것이 아니라 그 규범이 자신의 본질이라는 것을 아는 과정이다.

불교에서도 끝없이 탐욕의 샘물을 퍼내다가 샘물이 솟는 근원을 보는 것을 견성(見보다 性마음이 태어나는 자리)했다고 한다. 그러나 견성도 쉬운 일이 아니다. 선방에 10년을 앉아있어도 무릎만 아프지 견성하기 어렵다고들 한다. 욕망의 선긋기가 이렇게 지난(至難)한 일인데 도덕성만 요구해서는 사회가 깨끗해지기 어렵다. 그래서 이 사회가 작동하는 시스템이 먼저 개선되어야 한다. 우리사회를 지배하는 가치체계를 바꾸어야 하는 이유이기도 하다. 나아가 꼼수를 쓰지 않는 건강한 시대정신(zeitgeist)이 사회 중심에 살아 있어야 한다.

명품으로 온몸을 휘감아도, 벤츠를 타고 씽씽 바람을 가르고 달려도, 이것을 눈여겨보지 않는 내공이 높은 사회가 성숙된 사회다. 토마스 모어의 『유토피아』에서는 하인들이 온몸에 하인이라는 증표로 보석을 주렁주렁 매달고 다닌다. ■2011.12

왜 의자는 9개인가?

현재 우리사회는 베이비붐 세대들이 노후를 준비하지 못한 채 은퇴를 시작했고, 가계 빚은 이자만으로 올해 50조원 이상이 되었다고 하니 서민들은 돈을 벌어 이자 갚기에도 벅찬 상태다. 한·미 자유무역협정(FTA) 비준안 국회 통과로 인하여 경제적으로 우리에게 유리한 면도 많겠지만 경쟁은 더욱 심화될 것으로 보인다. IMF를 극복하느라 소위 신자유주의를 받아들인 경제체제는 구조조정을 통해 기업 생산성과 효능성(efficiency)이 강조되고, 사회 불안이 증폭되고 있다. 가진 자와 가지지 못한 자의 양극화가 사회를 절망감으로 빠져들게 하고 있다.

많은 젊은이들은 안정된 직장을 얻지도 못하고 비정규직 내지는 파트타임으로 내몰리고 있다. 그래서 '하면 된다'가 아니라 '해도 안 될 것 같다'가 이들 정서의 밑면에 깔려 있다. 기성세대를 우호적으로 바라보지 않고 사회에 대해 적대감마저 표출하고 있다. 이들이 보기에 미래는 잿빛하늘이다. 이러한 현상은 우리나라뿐 아니라 전 세계적으로 보편화되고 있는 현상이다.

왜 이런 현상이 발생한 걸까? 신자유주의 경제체제하에서는 무한 경쟁이 사회를 움직이는 동력이 되었기 때문이다. 10명이 9개 의자를 놓고 빙빙 돌다가 1명을 탈락시키는 소위 '의자 빼앗기' 게임이 '보이지 않는 손'처럼 작동되고 있다. 그러나 이 게임이 1명 남을 때까지 무한 반복된다고 할 때 참여자 모두는 의자에 앉지 못하게 될지 모른다는 불안감을 느끼게 된다.

TV프로인 「슈퍼스타 K」와 같은, 1명만 살아남는 무한 경쟁이 우리의 일상이 되었고 대중은 오히려 이것을 즐기고 있다. 탈락자들은 '의자 빼앗기' 게임에 다시 참여해서 타자(他者)를 탈락시키기 위해 와신상담(臥薪嘗膽) 기회를 노려야한다. 그래서일까? 서점에 가보면 자기계발서와 성공전략 같은 책들이 수 만부씩 팔려나간다. 신자유주의는 우리를 '의자 빼앗기'에 참여해야 하는 학생으로 만들 기세다. 치열한 경쟁이 물론 사회발전이라는 긍정적인 측면도 있지만 늘 경쟁에 참여해야 하는 우리는 죽어서도 '현고학생부군'(顯考學生府君)이 되어야 할 판이다.

우석훈은 『88만원 세대』에서 "이 불공정한 게임에 왜 저항하지 못하는가"라고 질문을 던진다. 불안은 우울로 변하게 되고 우울은 곧 분노로 분출될 가능성이 크다. 서울대 김난도 교수는 『아프니까 청춘이다』라는 책을 내고 이러한 젊은이들의 정서를 위로한다. 읽어보니 "괜찮아, 다음에는 잘 할 거야. 너는 열심히 하고 있어. 걱정하지 마!"라는 내용이다. 맞는 말이다. 직장을 얻을 희망도 없이, 이미 백수의 길을 가고 있는 젊은이들은 스스로를 사회적 '루저'(looser), 또는 '잉여'(剩餘)라고 생각한다. 젊은이들은 이 사회에 나의 말을 들어줄 타자가 없다고 느낀다. 나는 고립된 존재이며 내가 하는 일은 공적(公的) 의미도 없고 그런 내게는 미래도 없을 것 같다고 생각한다. 이런 불안 속에 있는 젊은이를 다독거려주니 얼마나 위로가 되겠는가? 그러나 속 깊게 생각해보면 고달픈 삶에 진정한 위로라는 것이 존재하는 것일까?

얼마 전 여당대표가 서울시장 선거에서 젊은이들의 지지율이 적게 나타날 것 같자, "강호동이라도 데려와야 겠다"라고 코미디 같은 발언을 하는 것을 보면 이들은 젊은 층들과 다른 세계에 사는 듯싶다. 안철수는 적어도 김난도처럼 이들의 이야기도 들어주고 힘들지 않느냐고 위로하지 않는가? 게다가 대기업의 중소기업에 대한 횡포, 경쟁만능의 사회운영시스템, 일자리를 창출해내지 못하는 경제체제의 문제점을 비판한다.

철학자 키에르케고르(Kierkegaard)가 「우정에 대하여」에서 이야기하듯 우정은 사랑보다도 더 큰 힘을 갖는다. 사랑은 때로 목적을 가질 수도 있지만 우정은 우정 이외에 다른 개념을 상위 가치에 두지 않아 순수하다는 것이다. 우정 자체가 목적이다. 안철수, 시골의사 박경철, 김난도 등이 젊은이들의 손을 잡고 '힘들지 않니?'라고 친구처럼 속삭이고 있다. 존재 이유마저도 희미해진 나의 말을 들어주고 '힘들지'라고 보듬어주는 것은 무엇보다도 힘이 된다. 예술은 현실을 반영하기에 요즘 젊은이들의 노래는 그들이 처한 모습을 대변한다고 볼 수 있다. •

이런 현상에 대해 어느 보수 언론인도 "어른 세대는 젊은 세대가 좌절과 고민을 안고 있다는 현실을 인정해야 한다. 어른들이 겪었던 어려운 과거를 젊은이들에게 그대로 대입하는 일은 하지 말아야 한다. '우리도 어렵게 컸으니 너희도 겪어라'는 식으로는 해결되지 않는다. 왜냐하면 그들을 그렇게 키운 것이 우리이기 때문이다. . . . 부자들은 판자촌 옆에서 고기 구워 먹는 따위의 천박한 행동을 해서는 안 된다"라고 진단하고 있다.

맞는 판단이다. 그러나 이것으로 '의자 빼앗기' 게임에서 탈락할지 모른다는 불안감이 해소 될까? 어느 메시아가 나타나서 이 방법만이 현실을 타개할 수 있는 치유책이라고 주장할지라도 설득력은 약해 보일 것 같다. 우리는 역사에서 공산주의가 자본주의의 대안이 될 수 없음을 보아 왔기 때문이다. 자본주의가 지속되면서 우리가 해야 할 일은 우리의 심리 속에 내재해 있는 탐 · 진 · 치(貪 · 瞋 · 癡)를 줄이고 사회에서 불공정해 보이는 제도들을 가능한 것부터 하나하나 개선하는 일이다. 빈부의 격차도 제도를 통해 시급히 줄여야 한다. 적어도 가진 자는 기부를 통해 '베푸는 손의 혁명'을 실천해야 하고 사회의 지도층은 공정사회를 위해 모범을 보여야 한다. 이것이 사회적 파국을 막는 어렵고도 쉬운 길이 될 수 있지 않을까 싶다. ■ 2011.12

• 「싸구려 커피」, 「쓰끼다시 내 인생」, 「졸업」과 같은 노래들은 젊은이들이 처한 현실의 궁핍함을 노래하고 있다.

쇼팽과
조르주 상드

안철수 교수는 1,500억 이상을 저소득층 자녀를 위해 기부하겠다니 마음이 훈훈해지기도 하고, FTA를 놓고 '너는 매국노 이완용, 나는 애국자'라며 삿대질하는 국회의원을 보면 씁쓸해진다. 세상이 혼란스럽고, 가을에서 겨울로 넘어갈 때쯤이면 꺼내 듣고 싶은 음반 하나가 디트리히 피셔-디스카우가 부르는 슈베르트(1791~1828)의 「겨울나그네」(Winterreise)다. 19세기 초, 유럽의 참담한 현실 속에서 직업도 없이 쓸쓸히 겨울거리를 방황하는 젊은이의 모습과 거리의 악사가 떠오르기 때문이다. 바람 부는 저녁, 홍성(충남)의 거리를 지나다 나의 시선을 붙잡는 포스터가 있다. '쇼팽과 조르주 상드'라는 콘서트 포스터다. 슈베르트와 쇼팽(1810~1849) 그리고 상드는 19세기 암담한 현실을 예술로 승화시킨 음악가, 소설가였다.

조르주 상드, 혼을 바쳐 남자들에게 사랑을 쏟아 부은 여인의 이름. 쇼팽과 10여 년간 열렬한 사랑을 나누다 편지 한 장을 남겨놓고 집시처럼 떠나간 여인. 상드는 쇼팽보다 6살 연상이었고 그를 어머니처럼 보살펴 주었다. 그녀는 이미 결혼하여 남편과 아이가 있었지만 결혼 생활을 청산하고 파리에서 소설가로 이름을 날리고 있었다. 청운의 꿈을 안고 폴란드를 떠나 파리에서 객지 생활을 하던 쇼팽과 다시 결혼했으니 전에 이미 연하의 남자와 결혼을 했었던 그녀는 '드메 신드롬'의 원조격이라 할 수 있다.

'항아리에서 불꽃이 샘솟는 것 같은 여인'(모파상), '탁월한 재능을 지니고 성(性)의 한계를 극복한 여인'(라마르틴)이라는 상드에 대한 레토릭(修辭)은 다양하다. '결혼이란 자기희생에 불과할 뿐이야'를 외치며 무례한 남편과 그 시대에 온몸으로 저항했던 페미니스트, 각혈을 하며 쓰러져 가는 시인 뮈세를 사랑했던 여인, 쇼팽과 이별한 후에는 조각가 알렉상드로 망소와 사랑에 빠졌던 그녀를 연애대장, 연애박사라고 해야 하지 않을까 싶다.

상드가 활동하던 19세기 초반 유럽은 평범함과 중산 시민계급이 자리 잡는 '비더마이어'(Biedermeier)시대였다. 'Bieder'는 독일어로 '한심한', '무기력한'의 뜻이며 'meier'는 평범하고 흔한 이름을 뜻한다. 즉 '한심한 마이어 씨' 시대다. 1815~1848년에 이르는 이 시대는 오스트리아 수상 메테르니히가 강력한 철권정치를 하던 암울한 경찰국가시대다. 창밖의 아우성에는 아랑곳없이 슈베르트는 고독 속에서 예술의 자율성을 확보하고, 방황과 고독의 '난민'이 되어 「겨울나그네」를 탄생시킨다.

쇼팽은 이러한 시대 폴란드에서 태어나 피아노 신동(神童)으로 이름을 날렸다. 그러나 그는 그 당시 유럽 문화의 메카였던 파리에서 인정받기를 원했다. 몸이 허약하고 여성적 기질을 갖고 있던 쇼팽은 "맑은 나의 음악은 그녀 덕분이며 내가 지치고 고독할 때 그녀의 눈길이 . . . 나는 그녀를 위해서만 살고 싶다"고 말할 정도로 상드에게 푹 빠져 있었다. 아니 그녀에게 완전히 의존하고 있었는지 모른다. 그녀 덕분에 마요르카 섬, 마르세이유, 상드의 별장을 오가며 안정된 생활 속에서 작곡을 하지만 그의 독특한 예술가적 기질은 상드와의 이별을 재촉하고 만다. 상드는 편지 한 장을 남겨놓은 채 또 다른 사랑을 꿈꾸며 떠나가니 남녀의 사랑은 늘 미완성 작품으로 남는가 싶다. 상드가 떠나자 쇼팽의 삶은 종말을 고하게 되고 아름다운 그의 음악만이 우리 곁에 남아 있을 뿐이다.

모든 것이 검열 받고 통제 당하던 '비더마이어시대'에 쇼팽과 리스트(1811~1886)는 오히려 주옥같은 선율을 그려낸다. 피아노의 시인, 쇼팽은 피아노의 아름다운 선율을 연주하고 리스트는 피아노의 남성적인 웅장함을 두드린다. 쇼팽의 많은 곡들과 리스트의 '초절 기교'는 피아노의 현란함을 보여주기에 충분하다. 강압적인 시대의 우울함은 쇼팽이 피아노의 한계에 도전할 수 있게 한 외부 힘으로 작용했을지도 모른다. 쇼팽의 곡 중에서 '혁명'이라는 부제가 붙어 있는 연습곡 「에튜트」는 MBC 드라마 「베토벤 바이러스」에서 강마에 김명민이 외로울 때 신나게 건반을 두드리던 곡으로 우리에게 익숙하다. 피아노를 위한 소나타 2번 3악장 「장송 행진곡」은 우리들 귀에 너무 익숙하며, 마우리치오 폴리니의 「전주곡」 연주는 거장의 모습을 느끼기에 충분하다. 녹턴(夜想曲) 제2번 E플랫

장조 작품 9의 2는 밤 분위기를 그대로 느끼게 해주고, 「강아지 왈츠」는 상드가 외출하고 돌아오면 그 주변을 빙빙 도는 강아지를 그렸다니 상드의 강아지 사랑을 눈에 보는 듯하다.

겨울이 다가오는 길목에서, 슈베르트 가곡들과 쇼팽의 피아노곡을 들어보고 상드의 불꽃같은 열정을 느껴보는 것도 '궁핍한 시대'의 영혼을 달래보는 「겨울여행」(Winterreise)이 될 수 있지 않을까 싶다. 11월 30일 쇼팽과 조르주 상드를 홍성에서 만날 수 있다. 아울러 http://jsksoft.tistory.com에서 훌륭한 클래식 음악을 해설과 함께 감상할 수 있다. ■ 2011. 11

SNS(소셜네트워크서비스)와 어머니의 핸드폰

어머니가 요양원에서 사용하시다 정지한 핸드폰을 열어보니 어머니가 살아오셨던 옛날 집 전화번호가 여러 번 찍혀 있었다. 당신이 얼마 전까지 사셨지만 지금은 비워두어 아무도 없는 집에 왜 그렇게 반복적으로 전화를 하셨을까? 하루가 너무 지루해서였을까? 『개밥풀』이라는 시집을 냈던 시인 이동순은 고향에서 혼자 사시다 돌아가신 아버지의 옛 일기장을 보았더니 여러 곳에 「종일본가」(終日本家)라는 글씨만 눈에 띄더라고 했다. 고향집에서 매일 매일 비슷한 하루를 보내셔야만 했던 아버지의 절절한 외로움을 뒤늦게 알아채고 하염없이 눈물이 흘러내리더라고 했다.

스마트폰을 비롯한 전자제품들은 노인들이 익숙하게 사용하기에는 적지 않은 시간이 요구된다. 그러나 익숙해지면 노년의 지루함을 달래기에 안성맞춤이 스마트 폰이 아닐까 싶다. 노년에도 스마트폰을 비롯한 SNS(소셜네트워크서비스) 사용법을 익히면 많은 정보를 얻을 뿐 아니라 쏠쏠한 재미도 느낄 수 있을 것이다. 이런 매체들과의 소통이 세상으로부터 소외를 막아주고 삶의 활기를 띠게

해줄 수 있다. 미디어의 발달은 세상 살아가는 방식을 바꾸어 놓고 있다. 스마트 폰으로 앱을 다운받아 무료로 전화를 걸고, 카카오톡으로 문자를 주고받기도 한다. 신문기사들을 모두 검색하고 사진을 찍어 그 자리에서 보낸다. 이메일을 보내고, 은행에 가지 않고 송금을 한다. 혹자는 SNS같은 미디어가 세계의 독재자들을 끌어내리고 민주화를 가속화시키고 있다고도 한다. 중동의 재스민 혁명도, 박원순 서울시장의 당선도 젊은이들이 트위터같은 SNS를 통하여 신속한 정보를 주고받았기 때문에 가능한 일이었다고 분석한다. 우리가 상상하고 꿈꾸는 모든 일들이 스마트폰을 통해 실현될 가능성도 크다.

그러나 이러한 스마트 폰이 항상 순기능 역할을 하는 것은 아니다. SNS와 같은 미디어를 통한 활발한 의사소통은 오히려 가족 간의 대화를 줄어들게 할 수 있다. 어느 고1의 스마트폰 사용내역을 보니 한 달 3,000건 이상의 문자메시지를 주고받은 반면, 통화는 고작 15통 내외였다고 한다. 집에 오면 자기 방에서 컴퓨터 자판을 두드리고 친구끼리 문자메시지를 주로 주고받는 젊은이들이 많다. 원래 인간사이의 소통은 말을 통해 이루어지는 것이 우선이고, 그 다음이 글자를 통해 이루어졌다. 그러나 이제는 문자가 우선이고 말이 다음인 듯싶다. 문자를 먼저 보내지 않고 불쑥 전화를 걸면 예의 없는 사람쯤으로 취급받을 수도 있다.

오래전 루소는 "문자언어가 음성언어를 병들게 한다"라고 비판했고, 레비스트로스(Claude Levi Strauss)는 『슬픈 열대』에서 남비

콰라족을 망쳐놓은 것이 문자이고, 문자언어의 중심은 불평등의 기원이 될 수 있음을 밝히고 있다. 그 시대에 글자를 모르는 사람이 있어서 그럴 수도 있었겠지만 이제는 문자 중심의 미디어 사용법을 몰라서 불평등을 초래할 수 있다. '미디어가 메시지다'라고 미디어의 우월성을 강조한 캐나다 커뮤니케이션 학자인 맥루한의 탁견(卓見)은 예리해 보인다. 그러나 의사소통의 근본은 얼굴을 마주보고 자신의 생각을 눈빛과 함께 전달하는데 진정성이 있다.

거미줄 같은 SNS를 통해 남을 간섭하거나 비방하는 허접한 이야기만 난무한다면 그 피해가 막중할 수 있다. 얼마 전 방송심의위원회가 스마트 폰 애플리케이션과 SNS의 심의를 전담하는 '뉴미디어 정보 심의팀'을 신설하려고 하자 SNS상의 여론을 통제하려는 정치적인 의도가 있는 것이 아니냐며 일부에서는 비판을 가하고 있기도 하다.

어느 젊은이는 서울시장 선거 때 자기와 생각이 다른 부모님을 수안보 온천에 예약해드렸노라고 트위터에 올렸더니 조국 교수가 '진짜 효자'라고 칭찬했다고 한다. 교수님에게서 칭찬을 들었다니 올겨울엔 부모님과 함께 온천에 가서 아버지 등도 밀어드리고, 스마트폰 사용법도 자상하게 알려드리길 바란다. 젊은이들끼리만 트위터와 문자메시지를 날리고 노인들은 혼자 TV만 보게 해서는 세대 간의 갈등이 사라지지 않을 것 같다. 마르크스는 계층 간의 갈등을 보고 공산사회 건설이라는 꿈이라도 꾸어보았지만 세대 간 갈등은 불행 이외에는 가져다 줄 것이 없어 보인다. 세대 간 불화는 가정과 사회를 우울하게 할 뿐이다. 트위터같은 SNS로 하루를 보내는 젊은이들에게도 세월이 지나가면 어줍어질 미디어가 또 등장할 지 누가 알겠는가? 누구에게나 노년은 소리 없이 젊은이의 옆자리로 슬금슬금 다가오고 어김없이 젊음은 나에게서 저만큼 물러나게 마련이다.

어머니의 핸드폰을 스마트폰으로 바꾸고, 좋아하실 것 같아 한걸음에 요양원 앞마당에 다다르니 은행나무에선 노오란 은행잎이 가을비에 속절없이 지고 있었다. ■2011.11

카다피의 최후를 보며

피범벅이 된 채 시민군에 끌려 다니다 최후를 맞이한 카다피 사진을 보며 많은 생각에 잠기게 된다. 군복을 입고 리비아를 철권통치하던 사나이가 하수구에서 '쏘지 마! 쏘지 마!'를 외치며 시민군에게 처참한 죽음을 당했기 때문이다. 언론에 비춰지던 그의 모습과 최후의 처참함은 선명한 대조를 이룬다.

카다피는 한때 근대화 정책으로 오늘의 리비아를 건설하는데 일조했고, 미국에 대항하여 아랍세계의 희망으로 떠올랐던 인물이기도 했다. 부패한 왕정을 무너뜨리고 새로운 리비아를 건설하려 했지만 42년간 장기집권은 그를 독재자로 변하게 만들었다. 248일간 내전은 약 3만 명을 죽음으로 내몰았고, 피투성이가 될 때 그의 손에 들려 있던 황금색 권총은 아쉽게도 추색한 자신의 머리를 겨누지 못했다.

카다피 시체는 정육점 냉장고에 보관되다 시멘트 바닥에서 시민들의 관광거리가 되다시피 했으니 혹자는 그의 죽음을 비극적이라고 말한다. 이럴 때 비극적이라는 의미는 단순히, 보기 흉하게 죽은 모습을 일컫는 말이다. 아리스토텔레스에 의하면 비극의 주인공은 '그의 불행이 악덕과 패륜에 의해서가 아니라 어떤 실수나 나약함에 의해서 빚어지는 인물'이라고 한다. 카다피를 아리스토텔레스의 기준에 비추어볼 때 비극의 주인공과는 거리가 멀다. 비극의 주인공은 자신의 행동 결과에 대하여 책임을 지며 징벌을 감수하고, 자신의 파멸이 비관적이고 패배적인 것이 아니라 오히려 낙관적이어야 한다. 그래서 비극의 주인공을 가리켜 '죽음 속의 승리'(triumph in death)라고 말한다. 카다피는 많은 자국민을 죽음으로 이끌었으니 비극적 인물과는 달리 실패한 인물이라고 말할 수 있다.

19세기 영국 낭만주의 시인 셸리는 「오즈만디어스」라는 시에서 이집트의 권세를 자랑하던 왕들이 자신은 "왕 중의 왕"이며 "후세의 모든 이들이여 나의 업적 앞에 절망하라"라고 큰소리쳤지만 그들의 부서진 조각상은 사막의 모래에 반쯤 묻혀있고, 그 석상(石像)에는 오히려 왕에 대한 싸늘한 석수장이의 냉소만이 생생하게 남아있다고 읊고 있다. 권력의 무상함이다. 파라오들은 죽음이 두려워 영생을 꿈꾸고, 시체를 썩지 않게 밀랍으로 방부처리 하였지만 오히려 생명의 유한함만을 보여주고 있을 뿐이다.

백년도 살기도 힘든 인생을 사람들은 천년만년 살 것처럼 발버둥 친다. 그래서 셰익스피어도 "인생이란 걸어가는 그림자, 자기가 맡은 시간만은 장한 듯이 무대 위에서 떠들지만, 그것이 지나가면 잊히는 가련한 배우일 뿐"이라고 인생 무상함을 맥베스를 통해 읊조리고 있다.

모든 생명체가 태어난다는 것은 죽음을 필연적 전제조건으로 한다. 그러나 내일 죽는다 해도 생명체는 삶의 강한 의욕을 불태운다. 죽음의 본능보다는 삶의 본능이 강열하고 더 원초적이기 때문이다. 현실이 너무 힘들어 자살을 택하는 것은 살고 싶은 욕망에 대한 우회적인 그림자일 수 있다. 평생 동안 삶과 죽음에 대한 고매한 글을 써왔던 작가가 죽음 앞에서 살려달라고 아우성을 치기도 하고, 암환자를 수술해왔던 외과의사가 암에 걸리자 무당을 불러 푸닥거리를 하기도 했다고 한다.

삶과 죽음은 논리의 영역이 아니라 본능의 영역에 속하기 때문이다. 죽음을 앞에 두고 모든 생명체는 필사적으로 살려는 본능을 발산한다. 물에 빠진 자가 지푸라기라도 잡으려는 심정과 다르지 않다. 그러니 삶에 대한 애착을 끊으라는 부처님의 말씀은 비현실적으로 보일 수 있다. 아버지 무덤에 삽으로 흙을 덮고, 비명에 간 친구 장례식에 다녀와서도 우리는 샤워를 하고 돈을 세며 회의를 하고 내일을 걱정한다.

그러나 삶의 본능이 아무리 강렬해도 모든 사람의 끝자락에서는 죽음이 기다리고 있을 뿐이다. 죽음은 익숙했던 모든 것들로부터의 이별을 의미한다. 죽음은 이루려했던 모든 것을 허망하게 한다. 죽음이라는 낯선 곳으로의 여행은 공포심도 불러일으킬 수 있다. 하지만, 죽음은 세월이 갈수록 나의 옆자리로 조금씩 양보도 없이 다가온다. 이처럼 죽음이 누구나 맞이해야 할 대상이라면 저만치

밀쳐둘 수만은 없다. 나이가 들면 '웰빙'(well-being) 못지않게 '웰다잉'(well-dying)도 생각해야 할 듯싶다. 어떤 모습으로 죽느냐하는 것도 삶 못지않게 중요하기 때문이다. 카다피의 죽음이 꼭 남의 일만 같지는 않다. ■ 2011.11

왜 유토피아를 갈망하는가?

16세기 초 영국의 토마스 모어가 『유토피아』라는 책을 쓴 이래, 이 말은 '이 세상 어디에도 없는 곳', 또는 '이 세상에서 가장 이상적인 곳'이라는 의미로 사용되고 있다. 불평등과 차별, 억압이 없는 '유토피아'의 건설은 현실에서 실현 불가능해 보인다. 그러나 현실이 어렵고 힘들 때면 우리는 '유토피아'를 꿈꾼다. 그곳은 가까이 있는 듯 하면서도 다가서면 신기루처럼 다시 저 멀리 달아나는 '욕망의 대상', 즉 라캉이 이야기하는 '오브제 쁘띠 아'(object a)라 할 수 있다.

런던, 마드리드, 뉴욕, 서울 등 이제는 세계 각지에서 '분노하라', '점령하라' 요구가 거세게 분출되고 있다. 그동안 경제난으로 압박받던 사람들이 광장으로 몰려들고, 이상사회와 현실사회의 모순을 가장 첨예하게 경험한 '주변화'된 타자(他者)들이 자신들의 목소리를 높이고 있다. 이러한 현상들은 일시적이며, 현실적으로 그들을 만족시켜 줄 만한 방안이 없다고 경시할 만한 일이 아니다. 이들이 피켓을 들고 월가를 점령하는 동인(動因)이 무엇일까를 생각해야 한다. 이들을 광장으로 이끌게 하는 힘은 그 밑면에 '유토피아'를 배경으로 하고 있는지 모른다. 인류의 역사가 계급투쟁의 역사도 아니고, 마르크스주의로 이루어진 혁명적인 변화는 독재이외는 남긴 것이 적었으며, 사회주의 국가들은 무참히 무너지고 말았으니 '월가를 점령하라'와 같은 운동도 잠시 지나가는 바람이다라고 여길 수 있다. 그러나 소수의 가진 자와, 가지지 못한 다수의 경제적 불평등이 계속된다면, 헤겔의 미네르바의 '올빼미'는 언제라도 새로운 여명(黎明)을 알리는 '닭'이 될 수도 있다.

월가를 점령하고 있는 많은 사람들의 목소리는 상위 1%가 부를 독점하여 하위 99%에게 경제적 혜택이 돌아가지 않고 있다는 아우성과 같다. 금융파생상품을 만들어 경제 질서를 혼란에 빠뜨리고도 월가의 CEO들은 오히려 천문학적인 연봉을 받아가고 있다. 신자유주의를 통해 자본주의를 관리해 왔던 상위 1%가 능력을 상실하자 금융자본주의의 장송곡(葬送曲)이 들리는 듯하다.

우리나라에서도 공적 자금을 천문학적으로 수혈 받은 금융기관들이 허리띠를 졸라매지 않고 보너스 잔치를 벌이고 있다면 누가 이들에게 박수를 보내겠는가? 직장인들이 꼬박 꼬박 월급에서 혈세를 바치고 있는데 이 돈이 이들의 돈 잔치에 사용된다면 분개하지 않을 사람이 없을 것이다. 경제체제는 빈부의 격차를 줄이고 가진 자가 없는 자에게 기여하는 방향으로 틀을 잡아가야 한다.

젊은이들이 대학을 졸업해도 절반은 취업도 못하고 취업을 한다해도 절반은 100만원 안팎의 적은 임금을 받는 비정규직 자리뿐이다. 침체된 경제는 좋은 일자리를 만들어내지 못하니 정치권은 대학생들에게 눈높이를 낮춰 생산직에라도 취업해야 한다고 말한다. 학부모와 학생들은 생산직에 눈길조차 주지 않는다. 청년백수를 지낸다 하더라도 생산직에 갈 의향이 없다. 이렇다보니 교육과학기술부는 대학평가를 할 때 취업률이 좋지 않은 대학은 퇴출대상 대학으로 낙인찍고 대학의 목을 비틀겠다고 한다. 청년백수가 많아지면 나라가 혼란스러워질 수밖에 없다. 중동의 재스민 혁명이나 미국의 월가, 런던의 시위 등도 그 배경을 보면 청년실업 문제에 있다. 청년 실업률을 낮추기 위해서 대학에만 책임을 전가할 것이 아니라 정당, 국가가 나서서 팔을 걷어붙여야 한다. 지자체들도 그 지역 대학생들이 일자리를 가질 수 있도록 구체적인 노력을 해야 한다.

우리는 역사적으로 정당이라는 제도를 통해서 많은 사람들의 요구를 대변해 왔다. 제도가 개인보다는 더 믿을 만한하기 때문이다. 개인이 메시아처럼 나타나 목청을 돋워도 일회적이었으며, 신뢰성은 역사적으로 크지 않았다. 그러나 정당이 그 역할을 상실하고 '그들만의 리그'로 정쟁만을 일삼는다면 국민은 선거를 통해 정치꾼들을 심판을 할 것이며, 그것마저도 실현될 수 없다면 다수의 시선은 머나먼 '유토피아'로 향하게 될 것이다.

유토피아를 향하는 시선의 근본은 '현실에 대한 총체적 거부이며 급진적이다'라는 영국의 사회주의 비평가 프레드릭 제임슨(Fredric Jameson)의 말에 귀를 기울여볼 필요가 있다. '유토피아'로 이끄는 힘은 현실에 대한 불만으로부터 출발한다. ■ 2011.10

제2부

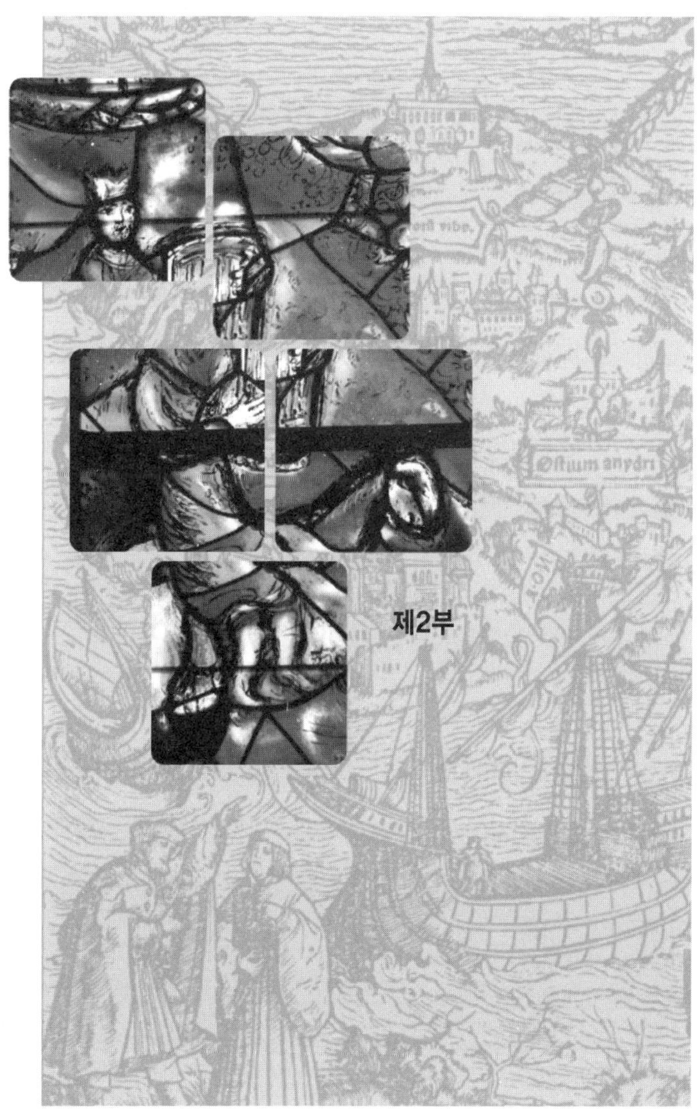

경쟁과
도덕적 삶

한해를 보내면서, 계획했던 삶이 제대로 이루어지지 않았음을 알고 이내 속상해 한다. 그것은 하루하루를 성실하게 보내지 않아서 일수도 있지만, 경쟁이라는 힘겨운 삶의 무게에 억눌려 그 즐거움을 잃었기 때문일 수도 있다. 내 의지와 관계없는 세상의 '보이지 않는 손'에 의해 우리 삶이 이끌려갈 때 힘겨워지고, 때로는 모든 것을 내려놓고 싶은 생각이 들기도 한다. 그런 연유인지, '힐링'이라는 단어는 우리 곁에 가까이 다가와 있다. TV에서도 '힐링 캠프'가 인기를 끌고, 스님들의 책도 가던 길을 멈추고 바라보아야 비로소 보이는 것들이 있다고 힐링을 강조한다. 이것은 우리사회가 지나친 경쟁으로 지쳐 있음을 우회적으로 보여주는 한 단면이라 할 수 있다.

우리가 의지적으로 경쟁하며 살기로 합의한 바 없지만 어쩔 수 없이 치열한 경쟁 속에 살지 않을 수 없다. 몇 명의 가수들이 경쟁하여 누군가는 탈락해야 하는 TV프로그램들은 대체로 시청률이 높은 편이다. 경쟁에서 탈락한 가수가 눈물을 글썽이면 속상한 기분이 들게 마련이다. 그러나 찬찬히 들여다보면 경쟁을 통해, 작게는 수준 높은 노래를 들을 수 있고 크게는 우리 문화가 융성해짐을 알 수 있다. 경쟁 있는 사회가 발전하고 물질적으로 풍요로워짐은 그러하지 않은 사회주의 실험에서 이미 입증된 바 있다. 경쟁이 사회 발전의 동인임을 부인하기 어렵다.

우리사회에서 경쟁의 모습은 참으로 다양하다. 사회의 좋은 자리, 높은 자리를 차지하기 위해 소위 일류대학에 진학하고 싶어 하는 마음은 모든 나라가 다르지 않다. 그래서 대부분의 부모들은 자녀들이 학교에서 1등 하기를 바란다. 1등은 하지 못하더라도 상위권에 들어가 좋은 대학에 들어가기를 희망한다. 대학생들은 취업에 필요한 스펙을 갖추기 위해 전공 이외에도 영어를 비롯한 다양한 자격증을 취득하기에 4년 내내 바쁘다. 그렇게 스펙을 쌓아도 같은 해에 태어난 60여만 명 중 그럴듯한 직장에 취업하는 사람은 수만 명에 불과하다. 취업을 해도 기업들은 실적을 강요하여 담당자가 할당된 몫을 달성하지 못하면 그 자리를 떠나도록 묵시적 강요를 당한다. 목표량을 달성한 직원들은 승진을 거듭하여 이사가 되고 삼성과 같은 대기업의 임원은 수십 억 원의 연봉을 받는다. 이러한 사회의 밑면에는 경쟁이라는 구조가 단단히 자리 잡고 있다. 우리가 자유민주주의, 자본주의 체제를 유지하고 있는 한 이런 경쟁구조를 벗어날 길이 없다. 신자유주의 정책은 우리사회에 무한경쟁을 강요하고, 기업은 이것을 발판으로 세계의 기업으로 성장할 기회를 맞는다. 이러한 경쟁과 세상의 흐름을 외면한 기업은 곧 그 수명을 다 할 수밖에 없다.

지나친 경쟁으로 상습적 음주, 우울증, 자살과 같은 사회적 병리 현상을 불러 오지만, 우리의 몸속에는 수만 년 경쟁을 통한 승자(勝者)의 유전자가 살아 숨 쉬고 있다. 승자에게는 생존과 생식에 유리했기 때문일 것이다. 그래서 인간은 사회의 높은 자리를 갈구하고 그 자리를 지키려고 안간힘을 다해왔다. 이러한 유전자가 뼛속 깊이 뿌리박혀 있어서 인지 생식과 별 관계가 없어 보이는 노인정의 친목회 같은 곳에서도 자리다툼은 치열하다.

골동품은 희소가치 때문에 소장하고 싶은 욕망을 자극하지만 그것이 사회에 생산적 가치를 창출하지는 못한다. 이러한 희소적 '위치재'(positional goods)를 차지하기 위한 경쟁은 사회적 비용도 많이 들고 상대적 허탈감에 이르게 한다. 위치재는 가치의 큰 부분이 특수한 위치 덕분에 생긴 재화를 가리킨다. 모두가 귀족인 사회에서 귀족의 가치는 거의 없다. 사회적 위계질서에서 높은 자리들은 본질적으로 전형적 위치재들이다. 위치재들에 기를 쓰고 달려드는 정치인들에게 경멸을 품는 이유는 여기에 있다. 그에 비해 과학자나 예술가와 같은 사람들은 사회에 창조적 세계를 만들어낸다. 그러나 창조적 세계가 세속적 성공을 보장하지 못하고 삶은 궁핍하기만 하다. 세속적으로 성공하지 못하면 당장 살아가기도 힘들고 예술적 성공도 기대하기 어렵다. 사회적으로 낮은 위치를 차지하면 뜻을 이루기도 어렵고 자식을 낳아 기르는 세속적 임무도 제대로 해낼 수 없다.

그래서 자신의 사회적 위치에 대해서도 마음을 쓰며 가치를 창출하려는 사람들에게 현대사회가 내놓은 공간이 상업 활동이다. 장사를 통해, 돈을 많이 벌어 자신의 사회적 지위도 높일 수 있고 물질적 가치를 창출해서 사회에 공헌할 수도 있다. 모두가 돈을 많이 벌면 사회적 위치가 바뀌지 않을 수도 있겠지만 물질적 풍요의 절대적 수준은 높아지게 된다. 어쩔 수 없이 사회에서 경쟁을 통해 높은 자리에 오르려면 위치재를 위한 다툼보다는 상업 활동을 통한 사회적 기여가 더 바람직하다. 일자리 창출은 모든 사회가 직면한 사회적 현실이다.

영국 시인 콸스(Francis Quarles)는 “현명하게 세속적이어라, 세속적으로 현명하지 말고”(Be wisely worldly, be not worldly wise)라고 읊고 있다. 이 경구는 세상을 살아가기 위해 세속적이지 않을 수 없다는 의미다. 그러나 세속적 처신으로 시종일관한다면 인생에서 무언가 중요한 것을 놓칠 수 있어, 자신이 추구하는 삶에 맞는 방식과 정도로 세속적이어야 한다는 얘기다. 돈을 벌기위해, 정신적 물질적으로 타인의 소중한 무엇을 빼앗는 행위를 ‘악’(惡)이라고 프랑스 철학자 폴 리쾨르(Paul Ricoeur)는 정의하고 있다. 칸트(Immanuel Kant)도 인간이 자유의지로 인류의 도덕성에 거스르는 행위를 할 때 그것은 악에 해당하는 일이라고 일갈(一喝)한다. 많은 돈을 벌기위해 타인의 귀한 노동을 착취하는 행위도 악에 해당한다. 요즘 회자되는 ‘경제민주화’, ‘복지사회’도 이런 맥락에서 시대적 가치를 부여할 수 있다. 위치재를 좇아 치열한 경쟁을 하는 삶은 정당한 방법으로 깨끗한 재산을 모아 사회에 기부하는 행위보다 가치창출의 측면에서 빈곤함이 드러난다.

우리는 행복해지기 위해 사회의 높은 자리에 오르려 한다. 그러나 악을 저지르며 좋은 자리를 차지하려는 시도는 우리 모두를 불행하게 할 뿐이다. 우리는 상당히 도덕적이었던 사람들의 후손들이었고 그 유전자가 가슴속에 면면히 흐르고 있다. 타인과 협력하는 대신 남을 속이거나 소중한 것을 빼앗는 사람은 사회에서 얻은 것이 적었고 그래서 밀려났다. 도덕적 삶은 우리에게 유리할 뿐 아니라 우리의 천성을 충족시켜서 깊은 즐거움을 준다.

자크 데리다와 해체

지금 우리 사회는 양극화되는 분위기 속에서 서로가 서로에게 삿대질을 하며 핏발을 세우고 있는 분위기다. 개혁을 주장하며 자신들의 논리만 밀고 나가려는 세력과 그렇지 않다는 세력이 한판의 전쟁이라도 붙을 태세이다. 11월 1일자 어느 신문의 칼럼은 이렇게 적고 있다.

> 그 변혁의 불도저는 이미 질주하기 시작했다. 더 이상 남의 말을 들으려 하지 않는다. 저 막가는 말버릇 하며, 저 저승사자 같은 섬뜩함을 보라. 국민 다수가 반대하든 말든, 종교계 현자(賢者)들이 걱정스럽게 충고를 하든 말든, 그리고 헌법재판소가 유권적인 판단을 내리든 말든, 저들은 '헌법 위에 우리가 있고, 우리가 곧 정의'라며 숙청의 지하드(聖戰)를 무자비하게 밀어붙이겠다는 기세다. 결국 이 나라의 운명은 또다시 내가 죽느냐 네가 죽느냐의 한 치 틈새도 없는 일대 결전, 일대 '아마겟돈(Armageddon) 전쟁'으로 치닫는 형국이다. . . . 널뛰는 세력을 저지할 '낙동강 교두보'를 어떻게 확보하

> 느냐 하는 것이다. 과연 누가 그런 일을 할 수 있을 것인가? 충무공의 '아직 남아 있는 전함 12척'같은 사람들은 과연 어디에 있는가? 그렇다면 이런 총소리만 없는 백병전의 이쪽 편에 서 있는 사람들은 무엇을 어떻게 해야 할 것인가?

듣기만 하여도 섬뜩한 이 글귀는 편을 갈라 싸움을 부추기는 듯한 선동적인 말이다. 하나의 사물을 놓고 이쪽에서 보는 단면과 저쪽에서 보는 단면은 다를지라도 근원적인 형상은 하나일 텐데 다른 쪽의 의견은 철저히 무시하고 들어주려는 마음조차 없다. 옳고 그름을 떠나 자신이 처한 입장에서 상대방을 재단하며 내가 옳다고 주장한다.

'차떼기를 해먹는 정당이 올바른 정당이냐?'고 직설적으로 비난하자, '너희는 안 떼어 먹었느냐?'고 사과하라고 비난한다. 진흙탕 속에서 혈전을 벌이는 추한 싸움질이다. 네티즌들은 이런 기사마다 자신의 견해를 밝히는데 국회의원보다 더 '저질의 언어'로 덧붙인다. 평범한 사람들이 사용하기에는 불편한 언어로 자신과 다른 상대방에게 욕설을 퍼부어 댄다. 보통사람들은 높은 고관대작들의 언행을 따라가기라도 하는 것일까? 보통사람뿐만 아니라 배우지 못한 높은 고관대작들도 언행의 격(格)도 높여야 할 때이다. 왜 우리 사회는 이렇게 양분되어 서로를 욕하며 자신만이 옳다고 주장하는 것일까?

얼마 전(2004.10.9) 프랑스 철학자 쟈크 데리다(Jacque Derida)가

타계했다. 우리는 그의 철학 속에서 우리 현실에 대한 출구를 찾아 볼 수 없는 일일까? 그의 철학을 사람들은 '해체'(deconstruction) 철학이라고 요약한다. 영어로 해체는 신조어인 'deconstruction'인데 무너뜨리고 다시 세운다는 뜻이니까 적확한 의미로는 '탈 구축' 정도로 옮겨야 하겠지만 '해체'라는 말이 더 일반화되어 있다. 63빌딩 같은 커다란 콘크리트 건물을 해체하는 것이 아니라 데리다는 30대 중반의 나이에 당대를 주름 잡았던 소쉬르, 하이데거, 사르트르, 레비스트로스, 라캉, 푸코, 레비나스 같은 스타급 철학자들을 차례로 전복시키면서 세상에 등장했다.

그는 2000년의 서양철학의 구조물을 해체하고 새로운 구조물을 짓고자 했다. '나는 생각한다. 그러므로 존재한다.'는 데카르트식의 이성중심주의, 즉 로고스 중심주의 철학을 무너뜨리고 유(儒), 불(佛), 선(仙)으로 대표되는 동양적 사유를 모티프로 삼음으로써 지성을 놀래게 만든 훌륭한 설계도를 그려냈다.

데리다가 기존의 것을 무조건 파괴하고 자신의 철학을 그 곳에 자리바꿈하려 했다고 이해하면 큰 오산이다. 서구 학문 일반에 들어있는 고질적이고 이분법적이고 배타적인 사유방식을 겨냥한 것이라고 보아야 할 것이다. 플라톤 이후 서양철학의 전통적 중심뿌리는 '이성에 바탕을 둔 합리성'이었다면 그는 이 같은 서양철학의 이성적 전통을 비판한다. 과거에 이성이 인간 해방에 기여했다면, 이제 그것은 인간을 억압하는 수단이 되고 있다는 것이다. 그래서 이성이 세계를 지배하기 위해 만든 개념들(역사 · 정치 · 혁명 · 주체 등)로부터 세계를 해방시키고자 한다.

데리다의 철학적 고뇌는 고정된 개념들, 결국 학문간 자유로운 넘나들기를 불허하는 구태의연한 경계들을 가로지르고자 하는 데 있었다. 가로지를 수 없을 만큼 단단한 학문적 이념의 벽들 앞에 그는 해체라는 '무기'를 개발해, 이를 적극 활용한 것이다. 아직도 남/여, 선/악/, 여/야, 고/하, 문명/야만, 같은 것/다른 것 등 이분법적인 개념을 통해 대립과 갈등이 지속되며 기존의 위계질서를 공고히 하고 있는 형편이라면, 그가 말한 해체 작업은 계속될 것이고 또 계속되어야 할 것이다.

높은 빌딩을 짓기 위해서는 그만큼 땅속 깊이 지하층으로 기반을 확보해야 할 것이다. 높음과 낮음, 남과여는 대립적인 이항(二項)관계가 아니라 상생의 관계로 보아야 할 것이다. 서양의 전통언어는 남과 여, 낮과 밤, 하늘과 땅, 천국과 지옥 같은 이항대립구조 속에서 출발한다. 이런 식의 이항 대립적 표현은 대상이 단절되고 불연속적인 것처럼 착각하게 한다. 그러나 실제로 우리의 삶 속에서 이것들은 생성, 변화 과정의 한순간일 따름이다.

동녘의 새벽은 과연 밤일까 낮일까? 서양의 의사소통 사상은 이 문제를 해결하기 위해 또 다시 낮을, 오전과 오후로 구분하는 이항대립적 분화를 거듭해 왔다. 이러한 의사소통관은 갈등과 대립 문화를 가져온다. 민주와 반민주, 행복과 불행, 선과 악 같은 이분법적 의식세계는 우리에게 상생보다는 상극의 문화를 가져다주었다. 따라서 이러한 문화 속에서 'Both all'보다는 'Either or'를 강요받고 상대방의 가슴에 주홍글자 'A'를 달고자 사투를 벌인다. 타자의 가슴에 'A' 자를 다는 것이 정치이고, 노동운동이고 시민운동이라고까지 착각해 왔다. 그렇다면 우리사회에 이러한 상극의 논리를 확대재생산 하는 그 원천은 무엇일까? 정치인가? 종교인가? 그것은 아마도 우리의 무의식 속에 자리 잡고 있는 이분법적인 의식, 지난 근대화 과정에서 강요된 서양식 사고방식에 함몰된 바로 우리들이다.

데리다는 우리에게 이러한 사고방식에서 벗어나라고 서구 2000년의 로고스 중심주의를 '해체'하면서 우리들의 일그러진 자화상을 다시 한 번 되돌아보도록 지적하고 있다. 아직도 혼돈과 무질서와 광기가 사회를 뒤흔드는 와중에 데리다는 타계했고 곰곰이 그의 철학을 되새겨본다. ■ 2004.11

바람에게 길을 물어라

낙엽들이 하나 둘 떨어지고 나목은 외로이 겨울을 맞이한다. 시월이 가고 십일월이 성큼 다가 왔다. 황동규는 시월을 이렇게 노래했다.

> 창밖에 가득히 낙엽이 내리는 저녁
> 나는 끊임없이 불빛이 그리웠다.
> 바람은 조금도 불지 않고 등불은 다만 그 숱한 향수와 같은
> 것에 싸여 가고 주위는 자꾸 어두워 갔다.
> 이제 나도 한 잎의 낙엽으로 좀 더 낮은 곳으로, 내리고 싶다.

여름날의 무성한 잎들은 할 일을 다 하고 땅속으로 몸을 감춘다. 봄을 위하여 잠시 땅속에 몸을 숨기는 것이다. 잎들은 낙엽이 되어 생명의 불씨를 않고 땅속에서 봄을 기다린다. 추운 겨울이 다가오면 봄이 멀지 않으리라고 노래했던 셸리(19세기 영국의 낭만주의 시인)처럼 일상에 지친 자들은 새 봄을 위하여 잠시 쉬어야 한다.

죽음이 새로운 생명을 잉태하듯이 휴식은 새로운 활력을 제공하기 때문이다. 겨울은 봄을 준비하는 법. 영혼이 고단한 자들은 힘든 일상을 헤쳐 나가기 위하여 고독한 여행을 떠나야 한다. 먹고 살기에도 바쁜데 어떻게 돈 들여 먼 여행을 떠나느냐고? 기차 타고 먼 곳으로 달려가는 여행이라기보다는 습성으로 굳어진 일상의 나를 버리고 무의식 속에 숨겨진 새로운 나를 찾아 떠나는 고독한 자아 여행을 의미한다.

조용히 앉아 숨결이 지나는 곳을 바라보면 어느 곳은 숨결이 지나가기 어렵다. 불안과 욕심으로 기(氣)가 막혀 있기 때문이다. 마음의 불안과 갈등은 어디에서 오는 것일까? 라캉이 이야기하는 욕망은 인간을 살아가게 하는 동인이 될 수 있지만 욕심은 자신을 멍들게 하는 고약한 녀석이 아닐까? 욕심이 지나치면 무언가가 잘 이루어지지 않는다. 먼 곳을 보지 못하고 발등의 현실만을 보게 되기 때문이다. 골프를 하더라도 욕심을 부리면 잘되지 않는다. 내기 골프를 하면 돈 때문에 어깨에 힘이 들어가고 몸이 굳어진다. '무심허욕(無心 虛慾)이 적타(適打)라'. 욕심을 내지 않고 마음을 버려야 공이 잘 맞는다는 말이다.

욕심을 버린다는 것이 쉬운 것일까? 욕심의 근본은 소유욕이 아닐까? 사람들은 좋은 물건, 높은 권력, 많은 돈들을 훈장처럼 지니고 살고 싶어 한다. 이들을 소유하기 위해 목숨을 걸고 싸운다. 이것들을 얻기 위한 전투장에서 패배한자들은 거리 위에 쓰레기 봉지처럼 나뒹굴고 가족과 함께 동반자살을 하기도 한다. 어떤 자들은 승리하여 천하를 얻은 것처럼 버럭 버럭 소리를 질러대기도 한다. 어떤 자들은 이것들을 얻기 위하여 아첨하기도 하며 때로는 비굴하게 영혼을 팔기도 한다. 잠시 내 옆을 왔다가 스쳐지나갈 것들을 영원히 붙들기 위하여 나를 팔아버리는 것이다. 그 대가로 금화 몇 닢을 손바닥에 올려놓고 웃으며 안도의 한숨을 내쉰다.

물질이 정신에 선행하는 것일까? 어떻게 하면 바깥세계로부터 정신세계는 무관한 거리를 유지할 수 있을까? 정신과 물질이 항상 함수관계를 벗어나지 못하는 것일까? 이것을 위해 수많은 사람들이 수많은 방법을 일갈하고 사라졌다. 그러나 아직도 그 해법을 찾아내지 못한 모양이다. 법정은 무소유를 주장했다. 이 세상 모든 것이 내 것이었는데 잠시 남에게 빌려주었다고 생각하면 마음이 편해진다는 것이다. 장자라는 할아버지는 마음 편하게 살라고 타이른다. 장자는 내 밖을 살피지 말고 내 속을 살펴보라고 한다. 그리고 나를 목마르게 하는 것들—돈 · 명예 · 출세 등—을 훌훌 털어 버리고 자신을 있는 그대로 사랑해 보라고 한다. 그러면 초라해 보였던 내 자신이 무한히 커지는 순간과 마주하게 된다. 여기에서 우리가 살아갈 수 있는 힘이 솟아 날 수 있다.

초월주의자였던 헨리 데이비드 소로우(Henry David Throeau)도 도심의 일상으로 탈피하여 숲 속으로 들어가 살면서 『월든』(*Walden*)이라는 수필집을 남겼는데 오늘날까지도 많은 사람들에게 읽히고 있다. 돈, 명예, 권력에 얻기 위하여 고단한 자들은 잠시 일손을 멈추고 소로우의 『월든』이나 장자의 『장자』(莊子)를 들고 호숫가가 아니면 서해안 몽산포 바닷가를 거닐며 자연과 벗 삼아 볼일이다.

초겨울 붉게 지는 석양을 배경으로 간월도 하늘에서 가창오리 떼들이 그리는 조무(鳥霧)는 잠시 나를 잊게 하리라. 갯벌 폐선에 걸터앉아 담배를 입에 물고 바다 위에 떠있는 아름답고 헛된 구름 기둥을 바라봄도 괜찮으리라. 아직 욕심으로 내면이 파도처럼 출렁이며 불안이 없어지지 않았을 때는 니체의 『짜라투스트라는 이렇게 말했다』를 들고 알 수 없는 상상의 긴 여행을 떠나 보라. 어디로 갈 것이며 언제쯤 돌아올 것인가 계산 없이, 집 떠나 절로 출가하는 사람처럼 있는 곳으로부터 떠나자. 알 수 없는 어느 곳에 이르렀을 때 얼마의 시간이 지났는지도 모를 때 나(我)를 보게 되리라.

부패와 비도덕적 가족주의

현 정권은 각종 게이트와 '보물선' 사건으로 도덕성의 한계를 드러낸 채, 정권 재창출을 위해 DJP연합이니, 3당 합당이니, 내각제 추진이니 하는 어떤 대선 전략을 내세워 봐도 실효를 거두기는 어렵다. 이것은 현 정권이 도덕적으로 너무나 추악한 모습을 드러냈고 더 어떻게 해볼 수 없을 정도로 국민의 신뢰를 잃고 있기 때문이다. 국가 권력의 핵심이라고 할 수 있는 청와대, 국가정보원, 검찰 중 어느 것 하나도 제 모습을 유지하지 못하고 모두 비리에 휘말려 힘을 잃고 있다. 어쩌다 실수로 입은 상처가 아니라 온갖 잡다한 때론 치사한 비리에 이리 저리 얽히면서 체면을 구기고 있다.

왜 이렇게 권력형 비리가 각 정권들마다 반복해서 나타나는가? 우리는 이러한 비리가 발생하는 어떤 구조적 인자(因子)를 사회 시스템 속에 묻어두고 겉으로 돋아나는 싹만을 자르려고 허둥대고 있는 것은 아닌가? 〈부패방지위원회〉를 가동시키면서 부패척결에 이 정부가 뒤늦게나마 전력투구하고 있지만 수술이 잘 될지는 의문이다. 빙산처럼 더 많은 치유될 부분이 아래에 숨어 있기 때문이다.

우리 사회가 부패로부터 탈출하기 위해 안간힘을 쏟는 이때 '부패란 무엇인가?'를 생각해 보지 않을 수 없다. 정치학자 아놀드 하이덴하이머(Anold Heidenheimer)는 『정치적 부패』(*Political Corruption*)에서 "부패는 특이하게도 서로 다른 의미와 정의와 역사를 가지고 있다"라고 말하고 있다. 이것은 각각의 정치나 국가에 실재하는 부패를 주목해 보라는 의미일 것이다. 즉 공적인 것을 희생시켜서라도 개개인의 사리사욕을 채우고, 불법수단으로 부나 권력을 획득하는 행위를 부패로 간주한다는 의미일 것이다.

우리나라 역대 정권들이 각종비리와 연루되어 수백억, 수천억의 돈을 꿀꺽 꿀꺽 삼키고 그 대가로 돈 준 사람에게 편의를 제공해 왔다. 우리나라의 커다란 프로젝트에 수많은 비리가 없었던 적이 있었는가? 지방의 조그만 관급 공사에도 10~20%는 옆으로 새는 돈이라지 않는가? 왜 우리는 정당한 게임을 하기보다 불법과 편법으로 일을 해결하려 하는가? 우리는 끼리끼리 뭉쳐 다니며 이성보다는 의리와 충성을 강조하고 살아가고 있는가? 우리 사회현실에서 벌어지는 각종 게이트도 같은 동향의 선후배끼리 뒤를 봐주며 형님먼저 아우먼저 하며 해먹은 부패의 사슬이 아닌가?

이러한 현상들은 특별히 우리나라에만 일어나는 부패가 아니라 고대 이집트로부터 현재에 이르기까지 온갖 복잡한 사회에서 정도의 차이는 있지만 쉽게 찾아 볼 수 있는 현상들이다. 머튼(Robert King Merton)은 『사회이론과 사회구조』(*Social Theory and Social Structure*)에서 문화와 부패의 관계를 조명하고 있는데 높은 수준의 성취동기에 비해 수단을 획득하기 힘든 사회에서 부패가 높게 나타나고, 상대적으로 낮은 성취동기를 지니고 있으며 적합한 수단에의 접근이 용이한 국가들에서는 부패도 낮게 나타난다고 한다. 한국, 러시아, 터키는 높은 수준의 성취 성향을 보이고 있지만 많이 부패한 국가들이고, 덴마크, 노르웨이, 스웨덴 등의 국가들은 매우 낮은 성취 성향을 보이지만 부패의 정도가 낮게 나타나고 있다. 정치 부패 지수 가운데 하나로 국제투명성기구의 부패인식지수(CPI)라는 것이 있는데 여기서 부패정도가 낮은 국가에서 높은 국가까지 1998년 기준으로 89개국을 대상으로 순위를 매기고 있다. 1위 덴마크, 2위 핀란드, 3위 스웨덴이고 일본 25위, 한국은 43위, 태국 64위, 러시아 76위, 카메룬 85위로 나타나고 있다.

성취동기는 높지만 현실적으로 자신의 뜻을 펼칠 수 있는 사회구조가 만들어져 있지 않았을 때 불법, 탈법 등의 방법으로 자신의 성취를 이루려고 한다. 공동체 · 가족 중심주의 사회보다는 개인주의와 자립을 강조하는 사회에서 부패가 적게 나타난다. 가족중심주의 사회에서는 일가친척, 고향의 선 · 후배를 찾아가 청탁을 하기도 하고 끼리끼리 해먹는 계기가 되기도 한다. 정권이 바뀌면 동향 사람들로 권력의 주요한 자리들을 모두 메워 버린다. '우리가 남인가'라는 의식이 이들의 내면에 깊이 자리 잡고 있기 때문이다.

끼리끼리 해먹는 비리에 대해 에드워드 밴필드(Edward Banfield)는 남부 이탈리아를 연구하면서 '비도덕적 가족주의'(amoral familism)라는 개념을 끌어내고 있다. 이 말은 사회 전체적인 이익을 위해 조직된 이성집단이라기보다는 태생적, 강제적 조건에 의하여 한계 지워진 의무적 집단을 말한다. 공산 사회적인 가치는 결핍되어 있는 반면 가족 간의 결속을 조장하는 문화를 말한다. 그는 이렇게 지적한다.

> 비도덕적 가족주의 사회에서는 어느 누구도 자신의 개인적인 이익이 보장되지 않는 한 집단이나 공동체의 이익을 위해 발 벗고 나서지 않는다.

여기에는 보다 넓은 공동체에 대한 충성이나 다른 이들의 지지를 필요로 하는 행동 규범의 인정을 기의 찾아볼 수 없다. 그래서 가족주의는 비도덕적이고 부패를 낳게 되며 보편주의와 우수한 장점을 지고 있는 규범에서 벗어나고 만다. 마피아와 야쿠자는 이런 가족주의의 가장 극단적인 예라 할 수 있다. 밴필드는 남부 이탈리아와 시칠리아 섬의 전통 사회에서 발생하는 부패가 마피아를 존속시키는 시스템과 유사하다고 주장한다.

우리 전통사회도 씨족중심의 마을로 구성되어 있어서 낯선 사람들에게 경계를 표시하는 배타적 사회구조다. 남보다는 우리 일가친척끼리, 같은 동네 사람끼리 무언가를 하는 것이 의미 있는 사회구조였다. 우리 마을에서 과거에 급제하여 중앙무대에 진출하면 연줄을 대어 끝없이 벼슬을 이어보려는 경향도 비도덕적 가족주의에 뿌리박고 있다. 따라서 우리 가문과 관계있는 일가친척과 동향

(同鄕)의 개인적 의리관계의 사람들에게 도움과 자리를 주어야 나중에 잘못을 했을지라도 후한이 없을 것이라는 생각이 전통사회에 깔려 있었다. 지금도 정권을 잡게 되면 국가의 주요 자리를 능력보다는 의리와 충성심을 보이는 동향 사람으로 채우게 된다. 이러한 문화구조에서는 부패가 싹틀 수밖에 없다. 능력보다는 의리와 충성심을 인사의 기본으로 삼고 있기 때문이다.

정치뿐만 아니라 기업이나 심지어 학계에서도 이러한 현상이 나타난다. 기업에서는 전문경영인보다는 아직도 가족끼리 대를 이어가며 기업을 운영하다 수천억의 빚을 지고 도산하며 대학에서는 후배를 그 자리에 앉히려고 끝없는 암투가 벌어지기도 한다. 일부 사립대학의 비리라는 것도 따지고 보면 가족끼리 대를 이어가며 장악하려는 의도에서 모든 것이 발생한다. 공공의 재산이라는 의미에서 재단을 설립했으면 개인 재산이라는 인식을 떨쳐 버려야 할 텐데 아직도 일가친척들이 대학에 달라붙어 대학 행정의 전횡을 일삼고 있다.

집단의 의무, 특히 미국이나 유럽과는 달리 가족에 대한 맹목적 의무를 강조하는 아시아 국가들에서 높은 수준의 부패가 나타나는 이유도 '비도덕적 가족주의'에 기인한다고 볼 수 있다. 의리와 충성심만을 강조하여 인사를 하는 정치 풍토보다는 능력과 합리성이 강조되는 시장경제주의와 엄격한 법률의 준수로 봉건주의 형태의 사회문화를 바꾼다면 끼리끼리 해먹는 부패 사슬은 어느 정도 끊어지게 될 것이다. 예의와 효도를 기본으로 하는 유교적 가족주의의 장점은 계승해 나가야하겠지만 '우리가 남인가'하는 식으로 뭉쳐 다니며 끼리끼리 해먹는 '비도덕적 가족주의'는 빨리 사라져야 할 때다. 이제 세계가 하나가 되는 '노마드'의 시대다.

소유론적 욕망의 종말

사람은 많은 갈등과 좌절을 겪으면서도 희망이라는 불빛을 보고 살아간다. 고대 그리스 신화에 등장하는 '판도라의 상자'라는 것도 우리에게는 희망이라는 것이 남아 있다는 것을 말해주려는 것이다. 즉 판도라 상자 속에 마지막으로 남아 있는 것이 '희망'이었다. 인간이 힘든 세상을 살아가면서도 삶을 포기하지 않는 것은 희망이 남아 있기 때문이다. 희망이 없다면 삶의 활기가 없어지고 죽음이라는 극단적인 방법을 택할 수도 있다. 자살을 택하는 사람들은 자신이 처한 상황이 출구가 없는 꽉 막힌 상황이라고 판단하기 때문이다.

제임스 조이스(James Joyce)의 첫 번째 소설인 『더블린 사람들』(*Dubliners*)의 첫 구절이 "이번에는 희망이 없다"(There is no hope)로 시작한다. 종교의 타락상을 그려내고 있는 이 작품에서도 희망이 없어 보이는 신부는 정신적 마비(paralysis)에 걸려 있고 결국 죽음으로 막을 내을 내리고 있다. 우리에게 희망이라는 것은 삶을 살아가게 하는 동력이고, 삶을 밋밋함으로부터 구해내는 에너지이다. 동력을 상실한 배는 망망대해에서 표류하다 파도에 휩쓸리기 마련이다. 20세기 미국 소설 중 가장 많은 사랑을 받았던 『위대한 개츠비』(*The Great Gatsby*)는 주인공 개츠비의 꿈, 즉 '아메리칸 드림'을 그려낸 명작이라 할 수 있다. 가난했던 개츠비는 돈을 벌어 내 곁을 떠난 옛 애인을 다시 돌아오게 하고야 말겠다는 소유론적인 희망을 갖고 있다. 그에게는 돈이 이세상의 모든 것을 해결해 줄 것이라고 믿었지만 결국 젊은 나이에 죽음의 길로 접어든다.

세상의 많은 사람들은 인생에서 어떤 것을 갖고 싶어 하는 소유욕을 희망으로 살아간다. 명예를 얻고, 권력을 누리고, 돈을 벌고 싶은 희망, 즉 이런 꿈들은 소유론적 희망의 산물이라 분류할 수 있고, 그 반대의 가치개념들은 존재론적 희망의 산물이라 할 수 있다. 소유론적 욕망이 강한 사람은 돈을 많이 벌어 그림 같은 집을 짓고 좋은 차와 명품들로 몸을 휘감고 싶은 욕망이 강한 사람의 부류에 속한다. 남들과 차별화된 물질적 비교우위 속에서 삶의 쾌감을 맛보며 살아간다. 자본주의 사회에서는 돈으로 무엇이든 환산하려드니 돈이 사회의 중심이 되지 않을 수 없다. 돈으로 명예와 사랑도 살 수 있다고 믿는다. 그러니 대다수가 돈을 벌기위해 모두 질주한다.

오래전 영화 「IQ대작전」의 이야기다. 갱들은 돈을 수송하는 기차에서 돈을 강탈하여 다른 나라로 도망하려고 한다. 자유의 여신상 같은 동상(銅像)의 텅 빈 몸통에 돈을 채워 수송하는 계획을 세우지만, 기중기가 여신상을 반듯하게 세우는 순간 동상의 밑바닥이

열려 돈이 삐라처럼 배위에 쏟아진다. 여기서 갱들은 부둣가에서서 쏟아지는 돈들을 바라보며 러닝셔츠에 돈을 구겨 넣지만 곧 불룩했던 러닝셔츠 아래로 돈은 쏟아지고 만다. 갱들이 이런 행동을 반복하며 영화는 끝이 나고 만다. 돈에 대한 사람들의 욕심은 아마 이 갱들보다도 더한지도 모른다. 소유론적 희망은 인생에서 돈을 벌어 만족을 느끼려는 욕심과 무관하지 않다.

후기 자본주의 사회에서 많은 사람들은 돈이 모든 것의 척도라고 믿고, 거리는 돈이 우리를 구원해줄 거라고 믿는 속물들로 넘쳐난다. 이 세상은 돈뿐만 아니라 불교에서 이야기하는 오욕(五慾)을 쟁취하기 위한 투쟁의 장이기도 하다. 이것을 얻지 못하면 분노하고 불만을 사회에 터뜨린다. 나보다 잘나 보이고 더 성공해 보이는 사람들을 인정하지 않으려 든다. 불만을 가진 사람들은 세상에 대한 시기(猜忌)와 원한 감정을 표출한다. 그러나 속물들이 만족을 얻기 위하여 저자거리를 바삐 활보하고 돌아다니지만 사실 그들은 고독한 인생을 살고 있다. 소유론적 만족만 추구하는 인생은 열린 마음을 모른다. 속물사회에서는 모두가 고독하다. 반면에 테레사 수녀 같은 삶은 물질을 소유한 것은 없지만 그녀의 삶은 우리에게 천만금 이상의 기쁨을 전달한다.

한 사회가 소유론적 희망을 삶의 동력으로 여긴다면, 그 사회는 만족과 불만의 두 극단에서 늘 요동치게 된다. 사회의 부정부패는 그 사회가 탐욕의 근성을 희망으로 갖고 있는 한 어떤 방식으로든지 지속된다. 그래서 우리가 속물적 근성의 사회에서 벗어나는 길은 소유론적 희망에서 존재론적 희망으로 마음을 바꾸는 일이다. 20세기 철학자 마르셀(Gabriel Marcel)은 『편력하는 인간』에서 희망의 가장 바람직한 형태는 "나는 우리를 위하여 그대 안에서 희망한다"(I hope in you for us)라는 것이다. 즉 우리가 마음의 번뇌에서 벗어나는 일은 소유욕을 마음속에서 지워가는 일이다. 즉 속물근성이라는 자기감옥을 부수고 존재론적 희망으로 마음의 혁명을 일으키는 일이다.

요즈음 주변에서 명상, 요가, 마음수련 등등의 정신수련을 통해서 속물적 근성으로부터 벗어나려는 운동이 일어나는 것은 바람직한 현상이다. 마르셀이 말한 것처럼 나보다는 '우리를 위하여'를 외치며 자타불이(自他不二)를 느낄 때, 서로서로에게 기쁨을 주는 이웃이 될 것이다. 나보다는 타인을 위하여 봉사할 때 즐거움과 희망이 넘치는 사회가 될 것이다. 그러기 위해서는 우리의 마음혁명이 필요하다.

如如(여여)함

이른 봄 교정에서 어느 스님을 만난 적이 있는데 낯설지 않은 얼굴이었다. 스님은 반가워했고 나도 분명치 않은 기억을 더듬으며 인사말을 건네고는 어디서 만났었는지 생각을 더듬어 보았다. 이런 저런 이야기를 나누던 중 개교하던 봄(1995년)에 교정에서 만났으며, 나는 그 스님에게 수사학(修辭學)에 관한 책을 선물로 주었던 일을 기억해 냈다. 치매에 가까울 정도로 지난 일을 자주 망각하는 나는 그날도 과거의 일을 떠올리기가 난망했다. 그러나 나의 당황스러워 함에 비해 그 스님은 6년 전이나 지금이나 변화가 없는 모습이었다. 요즘 어떻게 지내느냐고 묻자 그는 여여(如如)하다라고 말했다. 여여하다는 말에 그 스님의 근황보다는 내 마음이 순간 정지하고 말았다. 여여하다라는 단어에 요즘 말로 필이 꽂힌 것이다. 그래서 여여한 것이 어떤 것인지 대화를 나누고 싶어 스님에게 점심을 함께 하자고 했다.

얼마 전 법정스님은 신문기자와의 인터뷰에서 어떻게 지내느냐고 묻자 그냥 여여하게 지낸다고 말한 적이 있다. 그는 참선을 통해 무엇을 얻고 무엇을 버리느냐는 질문에 얻을 것도 없고 버릴 것도 없이 그냥 여여하다라고 말하고 있었다. 잃을 것도 없고 버릴 것도 없는 고요한 상태, 흔들림이 없는 마음이 곧 여여한 마음이라 . . . 불교에서 여여하다는 것은 분별이 끊어져 있는 그대로의 모습이라는 의미일 것이다.

나는 불혹(不惑)의 나이가 많이 지나가 버렸지만 아직도 惑함이 없는 상태인지 알 수가 없다. 아니 혹함에 이끌려 바람처럼 갈대처럼 살아가는 게 아닌가 싶다. 70, 80, 90년대를 고통과 번민 속에서 방황하며, 낯선 신을 찾아 나섰지만 어디에도 신은 존재하지 않았다. 사상적 굶주림 속에서 마르크스류의 책들이 쏟아져 나올 때 이들을 읽으면서 나의 앞길을 밝혀줄 등불이나 될 것처럼 생각했고, 마르크스의 망령이 나의 주변을 맴돌기도 했다. 격동의 시기에는 오히려 마르크스를 넘어 마르크스의 반대편에 서서 무언가를 이야기해보고 싶었다. 마르크스는 군부독재를 타도하는 구원의 손길이 아니라 흘러가는 사상의 조류쯤으로 여기고 싶었다. 그때 만난 프레드릭 제임슨, 알튀세(Althusser), 바흐찐(Bakhtin) 등등은 오랫동안 나의 머릿속을 떠나지 않았다.

사회적 격변이 조금씩 누그러들기 시작한 80년대 후반쯤에 포스트모더니즘이라는 커다란 담론이 우리 사회를 덮쳤고 나도 이 물결에 편승하였다. 데리다, 라캉, 푸코, 들뢰즈(Deleuze), 사이드(Edward Said) 등은 새로운 세기의 담론을 여는 것처럼 신선했고, 기존의 이론을 전복하면서 새로운 시대의 기대지평이 되는 것 같았다. 10년 이상 이들과 벗하며 즐거웠다. 그러나 지식을 지혜로 바꾸지 못하고 지식의 오퍼상을 하고 있는 것은 아닐까하는 생각도 늘 내 곁을 떠나지 않았다. 푸코의 말처럼 나는 이 시대의 거대담론에 길들여져 어느새 지배세력에 편승하여 감시하는 기능을 담당하고 있는 것은 아닌지 하는 생각이 들기도 했다. 자유와 이상을 부르짖던 젊은이들이 사오십이 되면 건강과 아이들 걱정을 하다 헤어진다던 어느 시인의 말이 떠오른다.

퇴근할 무렵이면 내 책상은 종종 낯선 유령들이 한바탕 싸움을 벌인 전투장 같았다. 아직 저만치 책꽂이에 꽂혀있는 프로이트, 라캉, 조이스, 나보코프(Vladimir Nabokov) 등은 다가오라고 손짓하는데 밀려온 신역사주의, 생태주의, 제국주의 등이 자리를 빼앗으려고 난투극을 벌이기도 했다. 니체는 매일같이 옷을 갈아입고 유혹을 했다. 이들과 전투를 하며 핏발 서린 눈빛으로 연구실 문을 나설 땐 어머니의 가슴 같은 고요함과 넉넉함에 빠져들고 싶기도 했다. 아직도 혹함에 이끌려 한바탕 전쟁에 참가하고 요양지에서 마음을 달래고 있는 병사처럼 나는 온천으로 달려가 몸과 마음을 물속에 던져버리고 심호흡을 하기도 한다. 온천의 수증기는 천장에 달라붙어 신열을 앓다가 방울방울 다시 그 물속에 똑! 똑! 명징한 소리를 내며 떨어진다. 조용한 욕탕에 퍼지는 울림. 산사의 풍경소리 같은 청아함.

저만치 물속에는 수덕사의 노스님이 탕 속에 몸을 담고 눈을 감고 있다. 처음으로 필자가 그 온천을 찾았을 때 거동이 불편하여 다른 스님의 부축으로 보행과 목욕이 가능한, 얼마 삶이 남지 않았을 것 같은 팔순쯤의 스님이었다. 그 후로 그 스님을 몇 번이고 수증기 속에서 보게 되고 그날은 필자가 가까이 가서 말을 걸었다. "할아버지 거동이 불편하신데 자주 여기에 오시는군요?" "아마 한 삼십년 됐지." 그리고 다시 평온한 모습으로 미동도 없이 앞만 바라보며 부처님처럼 앉아 계셨다. 스스로 걸을 수도 때를 닦을 수도 없고, 죽음만이 그 앞에 임박해 있는 모습이지만 찡그림과 절박함이 아니라 천진난만함과 여유로움과 여여함이. . . .

교정은 진달래와 철쭉으로 온통 붉게 물들다가 이젠 녹색으로 갈아입고 있다. 산은 산이고 물은 물이지만 산은 푸르고 물은 흘러간다. 베토벤보다는 모차르트가 더 가슴 깊이 다가오고, 게리 카(Gary Karr)의 바흐 무반주 협주곡(콘트라베이스로 연주)은 가슴을 현으로 긁는 것처럼 절절하다. 슈베르트의 「겨울나그네」가 가슴에 와 닿는다. 시인 황동규의 『버클리 풍의 사랑노래』는 꼭 내 마음을 전하는 것 같다. 「산당화의 추억」과 「소유언시」(小遺言詩)를 자꾸만 읽어본다.

> 살기 점점 더 덤덤해지면
> 부음(訃音)이 겹으로 밀려올 때
> 잠들 때쯤 죽은 자들의 삶이 떠오르고
> 그들이 좀 무례하게 앞서갔구나 싶어지면,
> 관광객도 나대지 않는 서산 가로림 만(灣) 쯤에 가서

썰물 때 곰섬(熊島)에 건너가
살가운 비린내
평상 위에 생선들이 누워 쉬고 있는 집들을 지나
섬 끝에 신 벗어놓고
갯벌에 들어
무릎까지 뻘이 차와도
아무도 눈 주지 않는 섬 한구석에 잊힌 듯 꽂혀 있다가
물 때 놓치고 세상에 나오지 못하듯이.
—소유언시의 일부

올빼미와 두더지들

어느 조직의 리더가 그 조직의 운명을 좌우할 때가 많다. 특히 리더의 개인적인 성향과 능력에 의해서 조직의 방향이 결정될 때 수많은 사람들은 자신들의 의지와 관계없이 행 · 불행이 갈라지게 된다. 역사를 통해서도 개인의 능력에 의해서 국가의 운명이 뒤바뀌는 경우를 볼 수 있다.

냉전이 고조되고 있던 1961년 미국의 케네디 정부는 미국에 망명한 쿠바인 1,400명을 CIA의 훈련을 받게 한 후 쿠바의 피그만을 침공하여 카스트로 정부를 전복시키려고 하였지만 오히려 침공군의 패주와 체포, 그리고 철저한 패배만이 기다릴 뿐이었다. 1962년 카스트로는 1,179명의 포로들을 미국으로부터 5,000만 달러 상당의 의약품을 받고 교환했다. 당시 각료회의에 참석했던 안보보좌관에 따르면 상륙지점에 광활하게 펼쳐져 있던 늪지를 고려하지 않은 채 계획이 수립되고 있었지만 아무도 그 계획안에 반대한 사람은 없었다고 한다. 피그만 침공을 결정한 자문위원단은 하버드 경영대 교수이며 합리적 의사 결정 연구의 권위자 맥나마라, 그리고 의사결성의 기술과 객관성에 정평이 나있던 역사학자 슐레진저 등이었다. 이들은 어느 모로 보나 유능한 사람들이었는데 왜 최고의 집단에서 어처구니없는 의사결정을 한 것일까?

미국의 학자 제니스(Janis)는 조직의 운명에 중대한 영향을 미치는 결정을 함에 있어 책임 있는 의사결정 집단이 오만과 편견에 빠져 크게 잘못된 결정을 함으로써 조직을 위기로 몰아넣는 경향을 집단사고(Group think)의 결과라고 주장했다. 이런 집단사고의 불행한 결과로 히틀러의 유태인 학살, 일본의 동북아 침략, 미국의 이라크 침공 등에서 그 예를 찾아 올 수 있다. 이러한 증상들은 집단의 운명을 좌우 할 수 있는 사람들이 독선에 빠진 나머지 반대자들을 비정상적인 대상으로 규정하고 자신들의 노선을 정당화 하는데 골몰하며 반대자들에 의해서 자기 집단이 곧 위험에 처하게 될 것이라는 위기의식을 조장한다. 따라서 집단의 구성원들이 불안하여 집행부의 노선에 동참하도록 심리적 압박을 받게 되며 집단의 구성원들은 누구도 집단의 결정에 어긋나는 반대의견을 제시하기 어렵고 결국 그 집단의 결정은 엄청난 사회적 재앙을 초래하게 한다.

노무현 정부시절 개인의 독단과 아집으로 집권한지 얼마 되지 않아 탄핵을 몰고 왔고 그 이후에도 품위를 잃은 독설과 독단으로 국민들의 사랑을 받지 못했다. 노정권에 참여한 많은 인사들은 자신의 주장과 올바른 정책을 펴지 못한 채 노무현 대통령의 목소리에 짓눌린 듯한 인상을 남겨 주었다. 노정권에 참여한 인사들이 개인적으로 보면 아마추어격의 인사들이 정권에 참여한 면이 있지만 그렇지 않은 사람들도 많은데 왜 그들은 자신의 꿈을 펴지 못하고 전체 속에 자신의 목소리를 잃어버린 것일까? 개인적으로 보면 똑똑했던 사람들이 정치권에 속하게 되면 난투극을 벌이는 저질의 행동을 서슴지 않았을까?

건강한 조직이란 구성원들의 다양한 목소리를 수용하여 조직 속에 녹여 낼 수 있는 능력이 있을 때 가능하다. 절간의 담장을 보면 커다란 돌, 작은 돌, 둥근 돌, 세모 돌, 잡석 등이 모여 담이라는 전체를 이룰 때 아름다움과 견고함을 더해 오랫동안 세월을 견디어 온다. 전체주의 사회처럼 일당 독재자의 목소리만 쩌렁쩌렁 울릴 때 다변화된 사회에서 조직을 효율적으로 운영하기 어렵다. 기업에서도 사장의 목소리만 들리고 사원들의 의견이 수용되지 않는다면 조직은 수동적으로 작동하게 될 터이고 위기의 순간을 넘기기 어려울 것이다.

조직 내의 다양한 의견은 현실의 어려운 상황을 안정되고 좋은 방향으로 유도하는 기폭제 역할을 하게 할 것이다. 조직 내에서 리더의 의견만이 횡행하고 조직원들의 의견이 무시되거나 리더의 의견만을 추종하는 분위기라면 위기의 순간 함께 망하는 우를 피하기 어려울 것이다. 조직원들의 자유로운 토론과 의사결정, 건설적인 비판자(Devil's Advocate)의 역할 그리고 일단 결정이 내려지더라도 늘 다시 점검해 보는 훈련이 필요하다. 이명박 정부도 Group think를 피하기 위해서는 자유로운 토론과 참신한 의사결정이 내려지도록 외부인사의 참여를 유도해야 한다. '우리의식'이 강한 집단일수록 만장일치의 환상 속에 사로잡혀 이견을 배척하는 경향이 있기 때문이다. 여기에 리더의 폭넓지 못한 식견과 철학의 부재가 함께 내재한다면 곧 대중의 지지를 잃고 이명박 호(號)는 표류하게 될 것이다.

미국의 유머작가인 터버(James Thurber, 1895~1961)의 「The owl who was God」라는 짧은 우화는 시사하는 바가 크다 .우화를 소개해 보기로 한다. 칠흑 같이 어두운 밤 올빼미가 숲속에서 참나무 가지에 앉아있다. 두더지 두 마리가 들키지 않고 숲속에서 조용히 빠져나가고 싶어 한다. 그때 올빼미가 "You"(올빼미 울음소리)라고 말하자 두더지들은 겁을 먹고 "Who?"라 대답한다. 두더지들이 생각하기에 어두운 숲속에서 누군가가 그들은 보고 있을 것이란 생각을 하지 못했기 때문에 당황한다. 올빼미가 "You two"(올빼미 울음소리)라고 말을 한다. 두더지들은 급히 달아나서 숲속의 모든 동물들에게 올빼미가 칠흑 같은 어둠속에서도 볼 수 있기 때문에 그리고 어떤 질문에도 답할 수 있기 때문에 위대하고 현명한 동물이라고 말한다.

어느 날 비서역할을 하는 새가 올빼미에게 발톱은 몇 개있느냐고 묻자 그는 "two"(올빼미의 울음소리)라고 답하자 그는 감탄한다. 이번에는 영어로 "that is to say"('즉'이라는 뜻)나 "namely"('즉'이라는 뜻)를 다른 말로 무엇이라고 표현하느냐고 묻자 "To wit"('즉'이라는 뜻이자 올빼미 울음소리)라고 대답한다. 또 다른 질문이 이어진다. 사랑하는 연인을 구애하는 표현이 무엇이냐고 묻자 "To Woo"(구혼하다)라고 대답한다.

이번에는 수석비서관 역할을 하는 새가 숲속의 동물들에게 급히 날아가 어둠속에서도 볼 수 있고 어떤 질문에도 답 할 수 있는 올빼미가 이 세상에서 가장 위대하고 현명하다고 선전한다. 이번에는 붉은여우가 "그는 대낮에도 볼 수 있느냐?"라고 묻자 산쥐와 오소리, 개들이 이구동성으로 "Yes"라고 답한다. 숲속의 동물들이 보기에 붉은 여우처럼 불경스러운 질문을 하는 자들은 그 숲에서 추방되고 숲속의 동물들은 올빼미를 그들의 지도자로 추대한다. 올빼미가 동물의 지도자로 나섰을 때는 태양이 밝게 빛나는 정오 쯤이다. 올빼미는 아주 천천히 근엄한 모습으로 크게 응시하는 눈으로 주변을 살피며 걷는다. 토기, 닭, 강아지, 두더지, 오소리 등 모두가 "He's God"이라고 외치자 모든 동물들도 덩달아서 "He's God"라고 외치며 뒤따른다. 대낮에 잘 보이지 않는 올빼미가 가는 곳마다 부딪히자 뒤따르던 동물들도 부딪히는 흉내를 내기 시작한다. 드디어 올빼미는 콘크리트 고속도로에 진입을 했고 고속도로의 한가운데를 걷기시작하자 다른 동물도 그를 뒤따른다. 동물들의 초병역할을 하는 매 시속 50Km로 트럭이 돌진해오고 있음을 발견하고 올빼미에게 알리자 그는 "To wit"(즉)이라고 만 대답한다. 비서역할을 하는 새가 두렵지 않느냐고 묻자 "Who"라고만 말로 대답한다. 왜냐하면 밝은 대낮이어서 올빼미는 트럭을 볼 수가 없기 때문이다. 그러자 모든 동물이 올빼미가 "He's God"라고 외친다.

트럭이 그들을 덮치고 지나갔을 때도 동물들은 “He’s God”라고 목청을 높이며 죽어갔다. 동물들 몇몇은 날개가 부러지고 부리가 깨진 상태로 발견되었지만 올빼미를 포함한 그들의 대부분은 트럭에 깔려 죽었다.

유자차 하나뿐

흔히들 사람들은 우리나라 사람들이 이태리 사람들과 가장 많이 닮아있다고 말한다. 그러나 시끌벅적한 것 빼고는 그렇게 닮아 보이지 않는다. 이태리 사람보다는 오히려 아일랜드 사람들과 더 닮아 있다. 이들의 외모는 우리와 다르지만 정서는 비슷하다. 아일랜드의 정서를 한마디로 정의한다면 '한'(恨)이 아닐까 싶다. 우리처럼 그들도 노래하고 술 마시고 춤추길 좋아한다. 그들이 지내온 역사도 우리와 흡사하다.

아일랜드는 영국으로부터 그들은 750년 이상을 지배받아 왔다. 그들이 영국으로부터 아일랜드 자유국(Irish Free State)을 쟁취한 것은 1922년이었다. 오랜 세월동안 그들은 민족의 자존심에 상처를 받아가며 영국의 핍박 아래 멸시당해 왔다. 그들이 오랜 세월 영국으로 독립하지 못한 것은 우리나라의 민족구성과는 다른 면도 없지 않다. 원래부터 아일랜드에 거주하던 켈트족들과 영국에서 아일랜드에 이주해온 영국인들, 그리고 원주민과 결혼하여 영국인의 절반과 아일랜드인의 절반의 피가 흐르는 사람들이 함께 공존해 왔다. 복잡한 민족 구성원과 종교적인 문제로 인하여 아직도 아일랜드의 일부는 영국의 땅으로 남아 있다. 영국의 지배를 오랫동안 지배를 받아오다가 19세기 중엽에는 그들이 주식으로 삼는 감자 마름병 때문에 감자가 부족하여 약 백만 명 이상이 굶어 죽고 많은 사람들이 먹고 살기 위해 세계 각지로 흩어져야 하는 아픔을 겪기도 했다. 정신적으로 지쳐 있고 먹고살기도 힘든 이들을 영국 사람들은 '하얀 검둥이' 취급을 하였다. 많은 아일랜드 사람들은 술 마시기 좋아하며 때로는 폭력을 일삼고 정신적으로 희망이 없는 자포자기의 상태에 빠져 있곤 했다.

아일랜드가 배출한 20세기의 가장 걸출한 소설가 제임스 조이스(James Joyce)는 『더블린 사람들』(*Dubliners*)이라는 작품에서 더블린 사람들의 모습을 정신적 마비(Paralysis)로 파악하고 자신들의 모습을 잘 닦인 거울에 비추어보고 미개한 상태에서 벗어나기를 갈망했다. 조이스는 있는 그대로 더블린 사람들이 추하게 살아가는 모습을 핍진성 있게 묘사하고 있다. 이 작품에 나오는 대부분의 남자들은 무능하며 술에 취해 있고 비전이 없으며 소모적인 논쟁으로 나날을 보낸다. 아이들도 무능한 어른들과 여러 상황들의 제약으로 자신의 꿈을 이루지 못하고 정신적 마미의 상태로 빠져든다. 정신적 지도자라 할 수 있는 종교인, 정치인들도 타락해 있는 모습들이다. 「자매들」(The sisters)에 나오는 플린 신부는 중풍에 걸려서 신부의 임무를 행할 수 없는 마비의 상태이고 「은총」(Grace)의 퍼든 신부도 성경을 엉터리로 해석하며 신도들의 '영혼의 회계사'라고 신부임을 스스로 포기한다. 19세기 아일랜드의 역사가 리키(William E. Lecky)는 "인류 역사상 이처럼 고난을 겪은 민족은 없었다."라고 아일랜드의 비극적 운명을 강조한다. 이렇게 세상에서 '가장 슬픈 나라'라고 여기게 만들었던 타자는 바로 영국이었다. 영국 사람들은 아일랜드 사람들의 의사와는 관계없이 그 나라의 주권을 말살하고 그들의 무능함을 타고난 민족의 저능함 때문이라고 여기게 만들었다.

지금은 아일랜드가 영국의 일인당 국민소득을 앞지르고 있고, 유럽 국가연합(EU) 중에서 가장 민족적 자부심이 강하다. 영국의 지배 하에서 인간 이하의 취급을 당하고 자기들끼리 물고 뜯고 싸우며 미래에 대한 비전을 가져보지도 못했던 '하얀 검둥이'들이 영국을 누르고 유럽의 IT강국으로 급성장을 하고 있다. '세상에서 가장 슬픈 나라'에서 이제는 영국을 능가하는 잘사는 나라로 변신을 이루어낸 셈이다. 이들 민족에게는 '흥'이 있고 신명이 있는 민족이었다. 그러나 오랜 기간 동안 영국의 지배를 받아 정체성을 상실하고 풀이 죽어있었다. 아일랜드는 이제 자존심을 회복하고 서로 하나가 되어 할 수 있다는 자신감을 회복한 듯하다. 아일랜드의 독립을 위해 목숨을 바치고 자신들의 뿌리를 찾기 위해 헌신했던 지사들이 살아난다면 아마도 까무러칠 일이 아닌가 싶다. 누가 이런 민족을 세상에서 가장 불행하고 못난 민족이라고 멸시했던가? 자기나라조차 꾸릴 능력이 없는 술주정뱅이 같은 민족이라고 누가 낙인찍었던가? 그것은 아마도 영국과 일부 아일랜드의 위정자들이었을 것이다.

아일랜드와 비슷한 처지에 있는 우리나라에 눈을 돌려 보자. 우리도 일본의 압제 하에서 신음하였던 36년의 기간이 있었다. 이때 우리의 정체성을 상실하고 일부 지배층들은 일본에 아부하며 백성들을 일본의 하수인이 되도록 내몰았다. 또는 스스로 앞잡이로 자처하고 작위까지 받는 슬픈 역사가 있었다. 조선시대에도 백성들은 지배층의 제물이 되어 신음하거나 수탈의 대상이 되어왔다. 농민들은 살수 없어 지배계층에 저항하기도 했지만 이들은 미래에 대한 비전을 상실하고 나태함 속에서 정신적 궁핍을 벗어날 수 없었다. 1894년 조선을 방문한 영국의 지리학자 이사벨라 버드 비숍(Isabella Bird Bishop) 여사는 『한국과 그 이웃 나라들』이라는 책에서 한국인들의 모습을 가난과 게으름과 우울함으로 표현하고 있다. 1898년 3월 3일자 독립신문도 우리 민족의 90% 이상이 빈둥거리고 있다고 질타를 하고 있다. 이광수 같은 사람은 우리 민족성을 개조해야 한다고 주장하기도 했다.

이와 같은 현상은 아일랜드도 마찬가지여서 아일랜드사람이라는 것을 되도록이면 감추려고 했고 아일랜드는 자신의 새끼를 잡아먹는 암퇘지 같은 나라라고 스스로 자학하기까지도 했다. 영국은 아일랜드 사람들에게 많은 제제를 가했지만 술은 마음대로 마시게 했고 사회적으로 자존심에 상처받은 성인 남자들은 술 마시고 집에 들어가 「에블린」(Evelin)의 아버지처럼 행패를 부리거나 「은총」의 커넌(Kernan)처럼 술에 취해 이성을 상실한 모습이었다. 왜냐하면 이들에게 미래는 없어보였기 때문이다. 일본사람들이 보기에 우리민족들은 스스로 나라를 꾸리기도 부족하고 늘 술에 취해 살아가는 존재들이었다. 영국 사람들이 아일랜드 사람들을 바라본 시각과 같이 일본사람들의 눈은 비슷했다. 일본사람들에게 조선인들은 '두발로 서서 걷은 원숭이'였다.

2차 세계대전 이후 일본 동경대학 총장을 지낸 야나이하라 타다오(矢內原忠雄)가 '한국은 우리의 아일랜드'라고 말을 했었다. 일본사람들은 조선 사람들을 '더럽고 게으르고 무지하고 심한 육체노동에는 적합하지만 복잡한 과제를 행할 능력은 없으며 복종적이고 따라서 어린아이로 다루어져야 하는' 열등한 인간으로 보았다. 아일랜드와 우리의 과거가 겹치는 부분에서 가슴이 아려오지만 지금 아일랜드는 그들을 억압해 왔던 영국을 누르고 번영을 구가하는 모습은 우리에게 좋은 지침이 될 수도 있을 것이다.

아일랜드 사람들과 조선 사람들은 '하얀 검둥이'이며 '두발로 서서 걷는 원숭이'같은 존재들인가? 두 민족은 무능하며 스스로를 통치할 수 있는 능력이 부족하여 타자의 힘이 필요했던 민족이었을까? 노(No)다. 영어로 글을 쓴 19세기와 20세기의 위대한 문학가들 가운데 특히 극작가들은 거의 아일랜드 사람들이었거나 그들의 혈관에 아일랜드 피가 흐르는 사람들이었다는 예이츠의 말이 그러한 자부심을 대변해 준다. 타임지가 선정한 20세기 위대한 소설가들 중에서 1위에 속하는 제임스 조이스, 20세기 최대의 시인 예이츠, 그리고 오스카 와일드, 죠지 버나드 쇼, 싱과 같은 극작가들도 아일랜드 사람들이다. 이제는 무능하고 형편없는 민족성이라는 굴절된 이미지에서 벗어나 '순수하고 경건한' 아일랜드인이라는 이미지를 스스로 부여함으로써 잉글랜드 사람들의 타자화에 대항하고 있다. 우리 문학도 영어로 써졌더라면 이와 같은 문학가들이 쏟아져 나왔으리라고 짐작된다. 왜냐하면 '한'에 맺혀 있는 역사가 있었기에 이야기를 전달하는 서사구조가 그들과 비슷하기 때문이다.

찢어지게 가난했던 아일랜드가 이렇게 잘사는 나라로 변신한 것은 우연한 것이었을까? 그들의 사회에 내재하는 부조리들을 척결하고 기업들이 일하기 좋은 사회 환경을 만들고 서로가 하나 되어 이루어낼 수 있다는 신념을 갖게 되었다. 그들에게 썩은 환부를 도려내는 아픔이 있었고 밝은 미래를 내다보았다. 영국으로부터 멸시를 받을 이유도 없고 경제적 부를 이룩할 수 있다는 확신은 근면한 국민들로 변신을 시켰다. 열심히 일하면 부자가 될 수 있는데 누가 빈둥거리겠는가? 영국의 데일리 메일의 매킨지(Mckenzie) 특파원이 조선에 와서 한 농민에게 먹을 것이 없는데 일하지 않는 이유를 물었더니 "내가 왜 일해야 하죠? 원님만 좋은 일 시킬 텐데"라고 답했다고 한다. 열심히 일해 보았자 모두 빼앗기는데 누가 열심히 일하겠는가? 중국도 '만만디'가 아니라 '콰이콰이'(빨리빨리)로 개방개혁 정책이후로 변신중이다. 일한 만큼 얻는 정당한 사회가 된다면 열심히 일하는 게 보통의 상식이다. 한국 사람이 미국의 새벽 야채시장의 주인이 되어버린 지 이미 오래 전이다. 우리에게는 일한 만큼 공평하게 분배받을 수 있는 정당한 사회구조가 필요

했었다.

우리도 한강의 기적을 이루었고 단군 이래 가장 잘사는 나라를 만들고 있다. 아일랜드처럼 IT강국으로 자리를 잡아가고 있다. 핸드폰 기술은 세계최고로 인정받고 있고 품질이 우수한 자동차도 많이 수출하는 선진기술의 한국으로 부상하고 있다. 그러나 우리는 아직 일본의 일인당 국민소득을 능가하기에는 이르고 기술력에 있어서 일본을 따라잡기에는 멀기만 하다는 보도다. 일본에서 일본제품에 비교우위에 있는 것은 오직 한국산 유자차뿐이라고 한다. 우리가 세계에서 가장 잘 사는 나라로 가는 길은 무엇일까? 먼저 보기 좋게 경제적으로 일본을 능가하는 일이다. 그때쯤이면 그들은 독도가 자기들 땅이라고 생떼를 쓰는 일도 적어질 것이며 우리에 대한 그들의 역사관도 달라질 것이다. 아직도 그들은 우리를 '두발로 서서 걷는 원숭이' 쯤으로 보고 있는 것은 아닐까?

지금 우리는 우리의 발목을 잡고 있는 각종 부조리를 걷어치우고 자유로이 기업할 수 있는 '흥'을 살려내는 일이다. 허구한 날 서로를 비난하고 소모적인 정쟁만 일삼는 3류 정치를 그만두는 일이다. 그러한 짓을 일삼는 정치꾼을 정치판에서 몰아내는 일이다. 선거를 통해 조용한 혁명을 이루어내야 한다. 선거에 참여하지 않고 혼돈스런 정치판을 비판하는 것도 올바른 일은 아닐 것이다. 또한 2002년 월드컵에서 보았듯이 우리는 하나가 되어 해낼 수 있다는 자신감을 갖는 일이 필요하다. 세계에서 가장 훌륭한 소설가와 시인을 가졌으며 21세기 세계의 IT강국이 된 아일랜드가 '세상에서 가장 슬픈 나라'로 여겨진 것은 그들의 무능한 민족성 때문만이었을까? 영국에 아부하며 민족을 팔아먹고 백성을 못살게 굴은 위정자들의 역할이 더욱 크다고 할 수 있다.

어느 조직이고 조직을 맡은 CEO의 역할이 새삼 강조되는 시대이다. 무능하고 자질을 갖추지 못한 지도자는 백성을 고달프게 만들뿐이다. 음악비평가들은 말한다. "나쁜 오케스트라는 없다. 다만 나쁜 지휘자만 있을 뿐이다"라고. 그렇다. 나쁜 나라도 없다. 나쁜 지도자가 있을 뿐이다. 선거에서 옥석을 가려내는 일이 오월에 우리에게 맡겨진 신성한 임무다.

이터널 선샤인

사랑할 땐 추워도 더워도 문제가 되지 않는다. 오랜 시간의 기다림도 즐거움이다. 꿈속에서 상대와 대화를 나누고 현실과 환상의 경계도 모호해진다. 사랑할 땐 서로의 절대 가치보다 상상적 기대치가 높이 올라간다. 서로에 대한 신화가 존재할 때는 이해하고 용서하고 어려워도 웃음으로 넘겨버린다.

「이터널 선샤인」이라는 영화에서 사랑에 빠진 주인공은 얼어붙은 몬타크(Montauk)의 찰스 호수에 누워도 추운 줄도 모르고 밤하늘의 별자리를 헤아린다. 빙판에 누워도 마냥 즐겁다. 그 안에 꿈이 있고 환상과 신화가 녹아 있기 때문이다. 설렘과 기다림 속에서 시작되었던 이런 사랑이 지루함과 갈등으로 서로의 마음을 아프게 하고 상처를 내며 결국은 서로를 미워하며 파국을 맺는다. 사랑 - 갈등 - 이별이라는 이런 패턴을 거치는 사랑, 아픈 기억을 쉽게 삭제하는 방법은 없는 것일까? 나의 전부였던 너를 어느 날 잊어야 할 때 기억 속에서 어떻게 지워야 할까? 기억은 정말 흔적 없이 탈색될 수 있는 것일까? 아니 지우면 지울수록 더욱 더 흔적이 선명해지는 것은 아닐까? 이런 질문을 던져 볼 수 있는 영화가 며칠 전 개봉되었다.

「이터널 선샤인」이다. 원래 제목은 Eternal sunshine of the spotless mind. 이 영화는 흥미롭고 놀랍지만 세심한 독법이 필요하다. 왜냐하면 과거와 현재가 뒤섞여 있어 스토리를 놓쳐버리기 쉽다. 소설 기법에서 흔히 사용하는 'time shift'(시간전치)가 사용되고 있다. 평범하고 착하지만 어딘가 소심한 남자 조엘(짐 캐리 역)과 화끈하고 따듯한 여자 클라멘타인(케이트 윈슬렛 역)은 기차간에서 처음 만난다. 이들 두 사람은 서로 사귀다가 갈등을 겪은 후에 서로에 대한 기억을 지워버렸기 때문에 처음 만난다고 느낀다. 기억을 지워준다는 라쿠나 사에서 서로의 과거를 삭제해버렸기 때문이다. 편리하게도 과거의 기억하고 싶지 않은 부분만을 골라 프로그램 처리하여 기억을 삭제해버린다. 조엘은 발렌타인데이에 클라멘타인을 찾아가 선물을 주려고 하지만 그녀는 기억을 지워버렸기 때문에 그를 기억하지 못하고 새로 사귄 남자 친구와 그가 보는 앞에서 키스를 한다. 상처를 받은 조엘도 라쿠나 사에서 클레멘타인에 대한 기억을 지워버린다. 조엘은 클레멘타인을 기억하려고 애쓰지만 클레멘타인은 이내 사라진다. 그의 기억 속에서 무엇인가가 무너져 내린다. 여기서 다시 그의 의식 속에서 과거와 현재가 혼재하여 나타나 관객에게 혼란스러워 보인다. 눈치 빠른 관객들은 조엘과 클레멘타인이 만나는 장면이 처음과 다르다는 걸 알아차리지만 조엘은 모른다. 다음 날 조엘은 클레멘타인을 깨끗이 잊고 아무 일 없는 것처럼 하루를 시작한다.

영화는 여기서 다시 현재로 돌아온다. 여기서부터 관객들은 또 한 번 혼란스럽다. 두 사람은 오래 사귀다가 서로에게 지치고 헤어졌다가 우연히 기차여행에서 처음 만나는 사람들처럼 다시 서로에게 끌린다. 두 사람이 또다시 만나는 것은 지운 기억 속에 서로의 잔영들을 남겨 놓았기 때문이다. 이 영화는 현재와 과거가 혼재하여 초·중반부를 장식하기 때문에 내러티브의 초점이 흐트러질 수 있다. 과거, 현재가 왔다 갔다 하는 장면을 관객이 잘 챙겨야 한다.

컴퓨터에서 필요 없는 파일을 삭제하듯이 사람의 기억을 그렇게 지워버릴 수 있을까? 그렇다면 우리는 타인을 미워하지도 않을 것이고 상처받은 사람도 없을 것이다. 니체는 "망각한 자는 복이 있나니 자신의 실수조차 잊기 때문이다."라고 일갈한다. 그러나 우리에게 지난 기억은 쉽게 지워지지 않는 모양이다. 가슴 아파했던 지난 일은 응어리져 가슴속에 남아 있고 화병으로 발전한다. 믿었던 사랑이 금이 가기 시작하면 사소한 일도 용서하지 않고 서로에게 상처를 남길 만한 말을 쉽게 해버린다. 같은 공간에 있는 것이 지옥이고 괴로운 하루하루가 지나간다. 서로에 대한 신화가 깨어지면 사랑과 믿음이 옅어지게 마련이다. 조엘과 클라멘타인은 서로 심한 갈등을 겪은 후에 기억을 지워주는 회사를 찾아간다.

이것은 서양적이고 편리한 방법 같지만 이미 동양에서는 수련을 통해 이를 체득하고 있었다. SF영화처럼 이 영화는 컴퓨터 프로그램을 이용해 인간의 가슴 아팠던 기억들을 지워버리는 장면을 길게 잡고 있다. 인간의 기억들을 모아서 지우고 싶은 것만 골라 지운다는 것은, 사실이든 아니든 복잡한 현재를 살아가는 사람들에게 매력적이다. 불교에서도 쓸데없는 잡념들을 없애버리고 마음의 평정을 찾기 위해 많은 수련자들이 산사에서 용맹정진 한다.

깨달은 후에도 용맹정진 해야 한다는 설과 그럴 필요가 없다는 두 설[돈오돈수(頓悟頓修)와 돈오점수(頓悟漸修)]이 지금까지 불가에서는 논쟁중이다. 화두를 잡고 태초의 기억부터 하나씩 하나씩 최근 것까지 모두 지워간다. 매일 매일 앉아서 이렇게 하다보면 검은 엑스레이 필름이 흰색으로 변하듯이 모든 기억이 탈색된다는 것이다. 미셸 공드리(Michel Gondri) 감독은 동양의 이런 정신수련 기법을 영화에서 응용하고 있는 것일까?

그러나 혹독한 수련으로 높은 경지에 이르지 못하면 기억은 잘 지워지지 않는 모양이다. 여느 연인들은 사랑 때문에 마음 아파하고 평생 후회하며 용서하지 못하고 죽음으로 결말을 맺기도 한다. 많은 사람들은 아픈 과거를 잊으려하고 또 다른 사랑을 찾아 나선다. 오스카 와일드에 따르면, 삶에는 두 가지 비극이 있다. 사랑을 잃는 비극이 그 하나. 나머지 한 가지는 사랑을 얻는 비극이다. 어느 평자는 이 영화를 보고 "도대체 얼마나 많은 사랑이 무료함 때문에 시작되고 싫증 때문에 끝나버리는 것일까. 마침내 목적을 이룬 간절함은 짧은 시간 환희로 머물다가 독하고 질긴 권태에 뼈째 잡아먹힌다. 수명이 다해 길게 누워버린 사랑의 시체를 허다하게 목격했으면서도, 왜 사람들은 새로운 사랑을 찾아 나설까. 또는, 왜

형해만 남은 옛 사랑을 못내 그리워하는 걸까."라고 말한다. "아파했던 기억을 멀리하고 또 다른 사랑에 가슴 설레는 것이 평범한 사람들의 삶이 아닐까?"라고 이 영화는 메시지를 던진다.

이 영화의 배경으로 나오는 뉴욕 인근 몬타크의 겨울 바닷가 풍경은 눈이 시릴 정도로 생생하고 아름다우며, 영화가 끝날 때 「change heart」라고 시작하는 노래의 굵은 저음도 매력적이다. 사랑했던 기억이 희미해져가고 삶이 밋밋해져 갈 때, 올겨울 꽁꽁 얼어붙은 호숫가를 거닐며 「change heart」라도 흥얼거려 볼 일이다.

인문학은 위기인가?

인문학이 위기에 처해 있다는 것이 올해의 화두였다. 소위 문사철(文史哲)의 쇠락이 작금의 문제는 아니었지만 최근 들어 더욱 문제가 심각해지는 모양이다. 문사철의 학과에 지원하는 학생들이 줄어들게 되고 급기야는 지방의 이런 학과들은 문 닫을 위기에 몰리고 있다. 이제 인문학은 소생이 거의 불가능한 빈사상태에 있는 모습이다. 왜 대학의 주류를 이루었던 이런 학문들이 주변으로 밀려나고 있는가? 한마디로 이들만의 성역을 만들어 그 안에 안주해 왔거나 이미 시대의 발전과 함께 그 궤(軌)를 같이 하지 못했기 때문이다.

조선시대의 관리들은 사서삼경만 공부했어도 관리로서 필요충분조건이 되었지만 이제 이것만으로는 관리의 역할이 불가능하다. 세상이 다양해진 만큼 관리의 자질도 그만한 변화를 요구해왔다. 세상이 변하는 만큼 새로운 학문의 탄생도 요구될 것이고 필요치 않는 학문은 그 자취를 감추게 될 것이다. 그러나 사회에 즉각적인 영향을 끼치지 못하는 학문은 필요치 않은 것인가? 자연과학의 발전과 더불어 신의 존재가 희미해지고 성경 대신에 과학이 그 자리를 차지해서 우리 인간들은 더욱 행복해지고 살맛나는 사회를 만들었는가? 사회에서 당장 필요로 하는 학문만 대학에서 가르치고 그렇지 않은 않는 학문은 없애야 하는가?

IMF를 거치면서 우리 사회는 많은 변화를 가져왔고 직업에 대한 가치평가를 달리 하고 있다. 많은 사람들이 직장에서 쫓겨나고 거리의 노숙자로 변신해 갈 무렵 꿋꿋하게 그 자리에서 버티어낼 수 있는 직업을 동경하기 시작했다. 그래서 의사, 공무원, 선생님은 우리사회의 선망이 되는 직업으로 이미 자리를 굳혀가고 있다. 9급 공무원 시험에 100 : 1을 넘는 것은 예사로 되어 있다. 30년 전 쯤 내가 고등학교를 졸업하던 시절에는 예비고사를 잘 보지 못해서 대학에 진학하기 어려울 때 가야하는 경우가 많았다. 그러나 지금은 대학에서 공무원사관학교를 자칭하고 공무원 배출을 그 대학의 목표로 설정하여 학생들을 가르치고 있으니 세월의 변화가 무상하기만하다.

대학을 졸업하고도 '백조'와 '백수'로 젊은 날을 방황해야 하니 대학에서 차라리 공무원 시험공부에 열중하는 편이 현명한지 모를 일이다. 이러한 현상들은 단지 인문학만의 현상은 아니다. 자연계의 일부학과들도 비슷한 현상이 벌어지고 있다. 생물학 관련 학과들이 갑자기 강세를 보이는 것은 BT계열의 밝은 전망보다는 대학을 졸업하고 의과대학원에 다시 진학하기 위한 전략으로 삼고 있기 때문이다. 올해 의과대학원에 새로 입학한 학생들의 40% 가량이 서울대, 연대, 고대 졸업생들이라는 것이 이를 뒷받침한다. 왜 이렇게 되었을까? 미래가 불확실하고 혼돈된 현실 속에서 믿을 것은 돈밖에 없다는 머니마인드(money mind)가 현실을 지배하고 있기 때문이다. 자본주의가 극에 달하고 모든 것이 돈으로 평가되는 천박한 자본주의의 끝은 이렇게 씁쓸하다.

내가 가르치는 4학년 학생들의 얼굴을 바라보면 나를 슬프게 한다. 취업이 잘 되지 않는 현실을 그들도 잘 알고 있고 취업에 당장 도움이 되지 않는 과목을 강의하는 나도 신명나지 않기 때문이다. 내가 다녔던 70년대 중반 때처럼 '대학에 취업하러 왔느냐?', '학문을 열심히 닦고 낭만을 느낄 줄 알아야지' 하고 꼰대 같은 이야기를 이제는 더 이상 농담으로라도 할 수 없는 현실이기 때문에 더욱 더 슬프다.

물려받을 유산이 많다거나 확신이 서서 궁핍함을 참아가며 순교자적인 정신으로 학문을 하겠다는 사람이외에는 취업도 되지 않고 사회에서 돈벌이도 되지 않을 文史哲數(수학) 物(물리) 과목을 끙끙거리며 하라고 하기에는 무책임해 보인다. 단순한 경제논리로 본다면 돈도 되지 않고 당장 유용한 학문도 아닌데 왜 대학에서 그런 것을 가르쳐야 하느냐? 학생이 싫어하는 과목과 학과는 없애면 되는 것 아니냐? 그럴 수 있다. 일부는 현실이 그렇게 가고 있기도 하다. 백화점에서 고객이 잘 사가지 않는 점포는 백화점에서 사라진다. 왜냐하면 이익을 내지 못하기 때문이다.

그런 논리로 보았는지 경제학을 했다는 모교수가 영문과에서는 언제 적 사람인데 아직도 셰익스피어를 가르치느냐고 진지하게 문의를 해온다. 그의 눈으로 볼 때 셰익스피어는 이미 철지난 상품으로 보였을 것이다. 경제학적, 물리학적 관점에서 보면 얼음이 녹으면 물이 되지만 셰익스피어의 눈으로 보면 얼음이 녹아 복사꽃 피고 종달새가 지저귀는 따스한 산골의 봄날을 그려볼 수 있다. 광고에서 멋진 카피 한마디가 기업의 매출을 좌지우지하기도 한다. 컴퓨터의 멋진 화면도 중요하겠지만 촌철살인(寸鐵殺人)같은 한마디의 카피는 인문학적 기반 없이는 떠올리기가 불가능한 것이다.

그럼에도 불구하고 당장현실에 돈이 되지 않는 학과들은 대학에서 찬밥신세를 면하기 어려울 것 같다. 많은 대학에서 독문과와 불문과 철학과들이 문을 닫고 있다. 일부 지방 대학들은 문 닫을 학과와 대학들이 늘어나 구조조정으로 이어질 것이다. 이러한 것들은 더욱더 인문학의 위기를 초래할 것이고 기능적인 학문들이 대학의 중심으로 우뚝 설 것이다. 대학은 진리를 창조하고 학문을 연마하는 곳이라는 이미 석화되어 버린 논리에 머무를 수도 없고 현실에 효용가치가 적은 학문들은 점점 꼬리를 감추게 되는 쓸쓸함이 남을 것이다.

1960년대 미국의 비평가 존 바스(John Barth)는 「소설의 죽음」을 천명한바 있다. 컴퓨터의 발명과 소설보다 더 흥미진진한 현실을 살아가는데 누가 소설을 읽게 되겠느냐는 것이었다. 그러나 그는 곧바로 「소설의 소생」을 발표하여 그래도 소설은 살아남을 것이라고 진단하였고 지금도 잘만 쓰면 밀리언셀러의 책들이 쏟아지고 있다. 독자를 사로잡을 수 있는 작가라면 얼마든지 밀리언셀러를 만들어 낼 수 있는 것이다.

인문학의 위기가 닥쳤으니 국가가 나서서 인문학자들이 마음 놓고 연구할 수 있도록 지원하여야 한다고 목청을 높인다. 물론 지당한 말씀이다. 그러나 그렇게 이야기하기에는 염치가 없어 보인다. 손을 내밀기 전에 자신을 냉철하게 되돌아보는 일이 선행되어야 하지 않을까? 새로운 시대에는 새로운 인문학이 필요하다. 생명과 인간, 역사와 우주, 그리고 신에 대한 새로운 지식들이 등장하는 시대에 인문학도 거기에 발맞춰 나가야한다. 혹자는 인문학의 위기에 대한 한 방편으로 '응용 인문학'을 제시하기도 한다. 응용인문학을 통해 전통 인문학이 활력을 얻을 수 있기 때문이다.

일부 대학에서는 문화콘텐츠학과를 만들기도 한다. 인문학(스토리), 예술(디자인), IT(공학), 문화마케팅(사회과학)이 함께 공조하여 새로운 응용 인문학을 만들어낸다는 것이다. 기존의 국문과에서는 박지원의 『열하일기』를 연구하고 가르쳤지만 이제는 18세기의 기념비적인 이 작품을 하나하나 재 조망하고 문화사적인 의미로 재해석할 필요가 있다는 것이다. 『열하일기』에는 유형 콘텐츠(건축, 유적지, 산, 강의 모습), 무형콘텐츠(기후, 풍습, 음식, 언어 등), 인물 콘텐츠(여정 속에서 만난 사람) 등 풍부한 역사적 문화적 요소를 발견할 수 있다. 열하의 여정은 그 자체로 새로운 여행코스로서 개발될 수 있으며 열하에 등장하는 다양한 배경, 장소, 소품, 스토리, 인물의 캐릭터 등은 연극 및 뮤지컬 등 오프라인 콘텐츠로 활용될 수 있다. 뿐만 아니라 『열하일기』와 관련된 고지도, 이미지, 영상, 소리 등을 활용하여 사이버박물관, 웹 다큐 등 다양한 디지털콘텐츠의 구현이 가능하다.

이것은 포스트모던한 현상으로 학제간의 벽이 허물어지는 '상호텍스트성'(intertextuality)이다. 학문의 순수한 영역이 존재하지 않는다는 것이다. 음식도 퓨전음식으로 새로운 영역을 개척하듯이 학문에 있어서도 인접학문과 손을 잡고 새로운 영역을 개척해야 한다. 존스 홉킨스 대학교의 의과대학이 유명해진 것은 바로 내과 외과 비뇨기과 등이 서로 손을 잡고 환자를 위해 공동으로 최선의 치료를 위해 노력한다는데 있다.

마샬 맥루한이 영상의 시대를 예고했듯이 이제 젊은이들은 지루한 텍스트 대신에 영상을 통해 삶을 배우고 이해한다. 글쓰기도 컴퓨터의 블로그를 보면 그 변화를 알게 된다. 아름다운 가을을 이야기 하다가 그 장면을 '디카'로 찍어 중간에 삽입하는 퓨전 글쓰기가 되어가고 있다. 이러한 것들은 컴퓨터와 모두 관련이 있다. 앞으로 우리의 삶은 컴퓨터라는 요물과 함께 어떻게 변해갈지 궁금하기만 하다.

이제는 전통적 의미의 순수한 철학, 문학만을 고집하기도 어렵다. 이미 우리 사회는 너무 다양화, 다원화 되어 있고 컴퓨터라는 과학은 우리의 삶을 급변시키고 있기 때문이다. 그러나 사람과 사람이 부딪히며 살아가는데 지켜야 할 예의와 도덕은 늘 존재할 것이고 그것을 공부하는 학문은 쉽게 사라지지 않을 것으로 보인다.

'문, 사, 철'은 역사의 전환점마다 위기에 처해 있지만 그 생명력은 변신하는 '마징가 Z'처럼 늘 우리 곁에 있기를 기대해 본다.

패러디인가? 표절인가?

서태지가 화장지를 들고 변기에 앉아 「컴배콤」 노래를 부르고 있다. 얼핏 보기에는 서태지가 부르는 「컴백홈」인 것 같지만 음치 가수 이재수의 「이란」 중에 수록되어 있는 「컴배콤」이라는 뮤직비디오다. 이 노래가 서태지의 「컴백홈」을 모방하여 저작권(저작 재산권, 저작 인격권)을 침해 했다는 이유로 법원에 음반판매, 방송, 상영 등 금지 가처분 신청되어 있다. 가수가 자신의 노래를 부르지 않고 다른 사람의 노래를 뒤틀어 노래를 부르니 문제가 될 법하다. 그러나 법적 문제가 되기 이전에 가수란 노래를 잘하는 사람이라는 보통의 인식이 이재수에게 깨지고 있다. 음치가 노래를 불러 음반을 만들어 판매를 하고 있으니 혼란스럽지만 재미있는 세상이라는 생각이 든다.

나는 남들 앞에서 노래 부르기가 두렵다. 그 원인은 노래를 잘 부르지 못하기 때문이다. 음치라는 소리를 들은 것은 어렸을 때부터이지만 의식적으로 남들 앞에서 노래를 부른다는 것이 곤혹스럽다는 것을 느낀 것은 고등학교 음악시간부터 시작되지 않나 싶다.

고등학교 다닐 때 음악시험은 음악시간에 노래를 불러 시험을 보았는데, 선생님은 몇 개의 곡목을 선정해주셨고 그 중에서 한곡을 학생들이 선택해야 했다. 잘 해볼 요량으로 나는 「산타루치아」를 연습하여 음악시간에 불렀는데 선생님은 피아노를 치다 화를 내시고 말았다. 요즘 같으면 녹음을 해놓고 틀어주며 불러 보라고 할 수도 있었을 텐데 그 음악 선생님은 직접 피아노 반주를 하시며 한 명 한 명 모두가 노래를 잘 부를 수 있도록 배려해 주셨다. 그러나 난 노래를 시작하는 타임을 놓치고 말았고, 고음부분에 가서는 이상한 소리를 내어 친구들이 폭소를 터트리고 말았다. 선생님은 약간의 화를 참아내시며, 피아노를 다시 두드렸고 노래를 시작할 부분에 고개를 끄덕이시며 신호를 보내셨다. 그러나 더 잘 불러 보려고 긴장을 해서인지 내가 듣기에도 민망한 고음이 또 터져 나왔고 친구들은 다시 교실 바닥을 발로 쾅쾅 굴러대며 웃기 시작했다. 시험결과는 감기에 걸려 시험을 망친 친구보다도 못한 '양'이라는 점수였다. 그 후 나는, 남들 앞에서 노래를 부른다는 것은 거의 불가능한 일이 되어 버렸다. 그러나 지금 그 선생님이 이재수의 「컴배콤」을 들으시고 나에게 다시 시험을 보게 하신다면 난 친구들과 선생님을 배꼽 잡게 웃길 것이고 음악점수는 '수'가 될 수 있지 않을까 생각해 본다. 노래를 못하는 사람도 음치가수라고 한다니 뭔가 이상하지만 나도 가수가 될 수 있다는 생각을 해보니 싫지만은 않다.

이재수라는 사람이 서태지를 흉내 내어 가수 행세를 할 수 있겠지만 바로 이 흉내라는 단어에 복잡함이 숨어 있다. 많은 사람들은 이재수가 서태지를 패러디하고 있다고 한다. 요즈음 패러디 영화, 패러디 소설, 패러디 드라마처럼 패러디란 단어가 정확한 의미도 밝히지 않은 채 시중을 떠다니고 있다. 어떤 가수는 나훈아라는 가수와 비슷하게 노래를 부르는데 이름도 '너훈아'라고 한다. 『누가 내 치즈를 옮겼을까』라는 책이 출판되자 얼마 지나지 않아 『누가 내 치즈를 잘랐을까』라는 책이 선을 보였다. 어느 방송에서는 「배철수의 음악캠프」가 인기가 있자 이번에는 「배칠수의 음악텐트」라는 프로를 만들어 방송하고 있다. 비슷하게 흉내를 내어 웃기려하고 있다. 그러면 패러디가 단순히 흉내 내어 웃기기인가? 우리의 대중문화에 이렇게 패러디가 성행하는 이유는 무엇인가? 생각해 볼 일이다.

패러디(Parody)란 그리스말 'Parodia'에 해당되는데, 이것은 '옆, 곁'(beside)의 의미와 '노래'(song, ode)라는 말의 복합어로서 '곁가지 노래'(beside-song)로서 원래의 것에서 다시 옆에 기생하여 붙어있는 노래라는 의미이다. 그래서 인지 패러디는 그 독창성을 인정받지 못해왔다. 원래의 내용에 기생하거나 그것을 조롱하기 때문에 하찮은 것으로 여겨졌다. 그러나 수많은 작가들이 갖은 방법을 동원하여 창작을 시도해 왔기 때문에 후대 작가들은 그 창작력이 소진되어 어떻게 만들고, 쓰고, 노래해야 할까 고민할 수밖에 없었다. 그래서 작가들은 고갈된 상상력 앞에 고민을 하다가 선배들이 사용한 방법을 짜깁기 해보기도 하고 심지어는 자신이 이미 사용했던 것을 다시 뒤틀어보기도 했다. 이것은 미국의 문학비평가 헤롤드 블룸의 말처럼 어떤 시인이 강한 시인(strong poet)이 되기 위해서는 선배작가들을 뛰어넘어야 한다는 '영향의 불안' 속에서 찾아낸 하나의 창작 기법이라 할 수 있다. 린다 허치언(Linda Hutcheon)같은 비평가는 『패러디의 이론』이라는 책에서 패러디를 현대작가들이 사용하는 주된 방법 중의 하나라고 오히려 옹호하고 있다.

그러나 작가들이 기존의 어떤 것을 단순히 짜깁기 식으로 모방하는 것이 아니라 그 안에 비판성과 창조성이 들어 있어야 하고 그 시대의 사회적 담론과 이데올로기까지 포함하고 있어야한다고 그녀는 주장한다. 원작에서 따온 내용과 표현양식이 반전(反轉)과 전복(顚覆)을 일으키며 완전히 새로운 의미구조를 창출해 내는 일종의 콘텐츠 변용행위라고 할 수 있다. 이러한 것이 결여된 단순모방을 '패스티쉬'(Pastiche)라 하고, 또는 조각 천을 맞대어 만든 이불처럼 이것저것 모아놓은 것 같다고 하여 '키치'라고 부르기도 한다. 예를 들어 『춘향전』은 패러디를 통해 원전보다 탁월한 또 다른 작품으로 달리 태어날 수 있다. 그러나 이러한 요소들이 생략된 채 단순모방과 웃기기에 급급하다면 그것은 저급한 코미디에 지나지 않을 것이다. 패러디란 과거로의 향수어린 복귀가 아니라 창조적인 재방문이고 그것과의 아이러닉한 대화라고 할 수 있다.

패러디는 기존의 어떤 것에 기대어 존재하기 때문에 존재하는 방식이 중요하다. 어디까지가 독창적이고 어디까지가 모방인지 그리고 그것이 어떻게 비판성과 창조성이 가미되어 새로운 의미구조를 창출해내는지 어려운 판단을 남겨 놓게 된다. 그래서 여기에 양심의 문제가 숨어 있다. 학생들이 리포트를 제출할 때 인터넷에서 펴온 글을 자기의 글처럼 약간만 수정하여 제출한다면 그것이 자기의 글이라 할 수 없다. 미국의 어느 교수는 펴온 글인지 아닌지를 구별해내는 소프트웨어를 개발하여 주가를 올리고 있다고 한다. 표절을 잡아내려는 소프트웨어 일 것이다. 어느 작가는 「모나리자의 미소」라는 그림에서 모나리자의 턱에 수염을 나게 하고 자기의 작품이라고 주장한다. 「피리 부는 소년」이라는 그림에서 소년의 바지가 벗겨진 그림을 그리고 작품이라고 우기기도 하는 작가도 있다.

패러디는 하나의 창작방법으로 인정받고 있기에 잘 사용되어 진다면 성공할 수도 있다. 모방을 해도 위에서 말한 고뇌의 흔적 없이 장사 속으로 돈을 벌기 위해, 인기를 얻기 위해 이루어진다면 패러디라기보다 표절에 가까울 수 있다. 얼마 전 상영된 애니메이션 「슈렉」은 표절이나 패스티쉬, 키치라고 부를 수 없는 성공을 이루고 있다. 마거릿 미첼(Margaret Mitchell)의 유명한 소설 『바람과 함께 사라지다』를 패러디한 『바람은 이미 사라졌다』는 원작의 주인공인 스칼렛 오하라의 의붓동생이자 흑인인 시나라의 시각에서 원작을 재구성해 원작소설에 내재한 백인 우월주의를 전복시켰다는 점에서 표절이 아닌 패러디소설로 인정받았다. 패러디는 우리가 믿어왔던 진리가 허구임을 드러내는 장치이기도 하다. 패러디는 작가가 창작력의 고갈 앞에 무릎을 꿇고 어떻게 써야할 것인가를 갈구하는 간절한 기도가 함께 있어야 하는 것이다.

이재수의 「컴배콤」은 어설픈 코미디에 불과하지만 음치도 많은 사람 앞에서 노래를 부를 수 있다는 희망(?)을 주기도 한다. 또한 노래를 잘하는 서태지가 어설프게 흉내 냈다고 음치 이재수를 법정으로 끌고 간 것은 서태지답지 못한 면도 있는 것 같다. 보통 사람들이 음치 노래를 자주 따라 부르며 음반을 사주겠는가? 이번 사건은 음반시장의 논리에 맡겨버리게 순리인 듯하다. 그러나 작가가 상상력이 고갈되었을 때 남들이 했던 방식이나 비슷한 방법 주변을 맴돌 땐 이미 작가이기를 포기한 것이다. 진정한 작가는 아방가르드 정신을 체득한 자이다. 전쟁의 전선 가장 앞에 선자가 아방가르드다. 그런 위험을 극복한자만이 역사 속에 살아남을 자격이 있다.

피도필리아•

미국 국제무역센터 건물이 습격당하여 폭파되는 장면이 TV를 통해 전 세계에 생생하게 중계될 때 뉴욕 시민만이 아니라 우리 모두가 경악했다. 영화나 소설 속에서 일어날 수 있는 일이 현실에서 발생했기 때문이다. 일어날 개연성이 작은 일이 발생할 때 우리는 더욱 놀라게 된다.

요즘 국내에서 발생한 사건 중에 우리의 관심을 끄는 '원조교제' 명단 발표는 놀라움보다는 씁쓸한 뒷맛이 남는다. 발표된 명단 중에는 60~70세 이상의 고령자들이 있었는데 놀랍게도 이들의 성적 대상이 10세 미만의 어린이라는 사실이다. 2002년 3월경에 다시 명단을 발표할 예정이라고 하는데 여기에는 사회의 지도층이라고 할 수 있는 교수나 의사들도 끼어 있다고 한다. 다양한 직업을 가진 사람들이 겉으로는 멀쩡하지만 사람들이 보지 않는 곳에서는 음흉한 짓거리를 하고 있는 셈이다. 이런 현상은 우리나라뿐만 아

• pedophilia: 어린이를 성적(性的)으로 좋아 하는 성적이상 증세

니라 다른 나라도 비슷하게 발생하고 있다. 미국에서는 이름만 발표하는 것이 아니라 얼굴까지도 공개하여 이들이 사회에서 발붙이지 못하도록 최신판 주홍글자제도를 실시하고 있다. 미국에서 얼굴까지 발표해도 근절이 쉽지 않는 판에 우리나라에서 명단 발표만으로 원조교제가 사라지기가 쉽지 않을 성 싶다. 인간 욕구의 문제는 동서양 가릴 것 없이 비스하기 때문이다.

원조교제라는 말은 몇 년 전 일본에서 건너와 아무 거리낌 없이 사용되고 있다. 이 말은 도와주면서 사귄다는 의미지만 돈이 필요한 10대 소녀들에게 돈을 지불하고 몸을 사는 성 매춘이 그 실체라고 할 수 있다. 돈을 지불하는 성인 남자들에게는 도와준다는 의미가 강조되고 여자아이 쪽에서는 사귄다고 하는 측면이 강조되어 죄의식을 축소해보려는 의미가 담겨있지만 그 속을 들여다보면 성 매춘이다.

11월 12일 저녁 뉴스에는 15세 소녀가 13세 소녀들을 데리고 매춘행위를 한 사실을 보도하고 있는데 이 15세 소녀는 13세 소녀들을 교육하며 남자들을 돈으로 보면 죄의식이 없어지니 남자를 돈으로 보라고 했다고 한다. 그리고 이 아이들로부터 화대를 갈취했다고 한다. 우리사회가 물질에 무너지고 있는 단면을 보여주는 것 같아 씁쓸하다. 그러나 이 아이들만의 잘못인가? 소녀매춘에 가담하는 남자 성인들은 왜 정상적인 성관계를 갖지 못하고 어린 소녀 아이들과 비정상적인 관계를 맺으려 하는 것일까? 정상적인 사람이라면 나이가 비슷한 이성끼리 사랑을 나누어야 할 텐데 그렇게 하지 못하니 정신에 문제가 있을 성 싶다.

러시아 출생이면서 미국으로 망명한 작가, 블라디미르 나보코프의 소설 중에 12세 소녀와 중년 남자의 사랑을 다룬 충격적인 소설 「롤리타」가 있다. 이 작품이 완성된 다음 나보코프는 여러 출판사에 원고를 보냈지만 모두 거절당했다. 그러다가 1955년 파리에서 처음 출간되지만 미국 관세청은 미국 내 반입 금지 조치를 취했고 영국 국회는 외설 문제로 오랫동안 진통을 겪었다. 명감독 스탠리 큐브릭과 아드리안 라인이 1962년과 1997년에 각각 발표한 영화 「롤리타」 역시 보수적인 검열 때문에 개봉까지 난항을 거듭했다.

이 작품을 처음 읽으면 내용이 전통적 도덕관념을 상당히 벗어나 읽는 이에게 거부 반응을 불러일으킨나. 40내 남자가 열두 살의 어린이와 그것도 법률상의 아버지로서 딸과 육체적인 사랑을 하는 부도덕한 소설이라고 읽을 수 있다. 그 당시 유명한 비평가도 그가 읽은 소설 중 가장 역겨운 소설이라고 불쾌해하고 있으니 당시의 도덕적 금기를 깨뜨리고 있음은 분명하다. 그러나 이 소설이 타임지가 발표한 20세기 위대한 소설 중 다섯 번째 안에 드는 걸 보면 소설 어딘가에 감동의 근원이 숨겨져 있을 것이다. 이러한 소설의 깊은 세계는 비평가들의 몫으로 남겨두고 이 소설의 겉면에 나타난 이야기는 '어린 소녀를 향한 성적 동경'의 한 상징으로 자리 잡고 있다. 여기에 등장하는 여주인공의 이름을 붙여 소녀매춘의 성향을 우리는 '롤리타 신드롬'이라고 하기도 한다. 그러나 원조교제라는 의미와 이 소설의 관련성은 작다.

『롤리타』의 남자 주인공 험버트 험버트처럼 어린 소녀에게 집착하는 사람들의 정신 상태는 어떤 것일까? 정신분석학자이면서 정신과 의사였던 라깡은 한 인간이 어린이로 태어나 어른이 되는 과정을 분석하고 있다. 라깡은 어릴 적 엄마의 젖꼭지를 입에 물고 엄마의 눈망울을 맞추고 엄마의 '남근'이고 싶어 했던 '상상계'와 말을 배우고 이름이 붙여지고 아버지가 누구인지 알게 되는 '상징계'로 구분하고 있다. 아이는 상상계에서 상징계로 스무스한 전이가 일어나야 정상적인 인간이 된다고 한다.

모든 사람이 상상계에 머물고 싶지만 사회의 관습과 언어를 배우고 도덕 법률을 익힌 상징계로 진입하면 다시 상상계로 되돌아갈 수 없다. 그러나 이 전이 과정에 문제가 생기면 겉은 어른이지만 아직도 유아론적인 상상계에서 허우적거리는 사람이 있게 마련이라는 것이다. 일종의 정신질환 중의 하나라고 할 수 있다. 소설 속의 험버트도 성적 이상증세를 보여 정신병원에 입원하고 있다.

이러한 전이과정에 의한 것인지 분명하지 않지만 병적인 성적증상을 나타내는 말의 역사는 유구하다. 성욕과 성충동이 남달리 과도한 남자 호색가를 '새치리어시스'(Satyriasis, 색광증)라고 호칭하는데 이 말은 그리스 신화에서 유래한 것이다. 말(馬)의 귀와 꼬리를 갖고 사람의 몸매를 한 반신반수(半身半獸)의 신(神)인 '새치로스'(Satyr, 酒神) 신화를 인용하여 '새치리어시스'라고 이름 한 것이다. 색광적인 여자를 '님포마니아'(Nymphomania, 여자음란증)라고 부른다. 님프(Nymph)란 그리스 신화에 나오는 젊고 아름다운 여신의 이름이고 마니아란 어떤 일에 열중하는 광적인 조병을 뜻한다.

대부분의 사람들은 정상적인 범부의 성 행동을 하지만 일부 사람들은 성 행동에 장애를 가지는 경우가 있는데 그렇게 되기까지는 어릴 때 성장과정이 그 성향을 좌우하는 요인이 되기도 한다는 것이다. 이상성행위를 '성도착증'(sexual perversion)이라고 하는데 이것은 변태(變態), 즉 '사랑의 관계를 벗어난'(beyond love)의 뜻으로, 이런 성향의 사람은 성적 대상을 선택함에 있어서 어린이, 여성의 물건, 친 혈족 혹은 동성을 택한다고 한다.

성을 일상적으로 즐기는 하나의 행위로 보지 않고 너무 신성시하거나 반대로 너무 골똘하게 탐닉하거나 또는 죄악시 하는 태도에서 변태적 행위가 일어난다. 최근에 원조교제로 물의를 일으켜 발표된 명단 중에는 사회의 지도급 인사뿐만 아니라 상당수의 노인들도 포함되어 있다. 겉으로는 정상적인 행동을 하지만 성적인 측면에서는 멘탈리티가 무너져 있는 것이다. 얌전한 강아지가 부뚜막에 먼저 올라간다라는 속담이 있다. 무언가 나도 모르는 것이 무의식속에 억압으로 저장되어 그것이 성욕으로 분출되어 느지막이 패가망신의 길로 접어들 수 있다. 앞으로도 멀쩡해 보이는 사람들이 이상 성적행동을 해 패가망신을 하는 경우가 왕왕 있을 것이다. 이것은 지금의 문제가 아니라 젖먹이 시절부터 지금까지 살아온 삶의 과정에 문제가 있음을 드러내 주는 것이다. 나도 모르게 어린아이 쪽으로 관심이 기울어지는 사람이 있다면 가슴에 간음을 상징하는 ‘A’ 자를 가슴에 달고 살기 전에 자신의 삶을 되돌아 볼 일이다.

『차라투스트라는 이렇게 말했다』와의 만남

내가 대학 다닐 때 니체의 『차라투스트라는 이렇게 말했다』라는 책에 대해서 처음 들어보았고, 매우 어려운 책일 것이라는 생각을 떠올렸었다. 그가 '신은 죽었다'라고 했다는데 왜 그런 불경스런 이야기를 했을까? 그런 정도의 생각이었던 같다. 그런데 어느 날 니체를 전공했다는 교수님이 내가 다녔던 대학의 철학과에 부임하셨다. 그러나 난 이미 그 대학의 조교를 하고 있었고 그 교수님은 약간 괴짜처럼 보였다. 그분은 남들과 다른 행동을 가끔 선보여서 이상하기도 하고 낯설어 보였다.

1980년대 어느 봄날 교정의 잔디밭에서 아주머니가 쑥떡을 팔고 있었는데 그 교수님은 아주머니에게 다가가 아마도 쑥떡을 팔아도 되는 자격증 비슷한 것이 있느냐를 묻고 있었고 아주머니는 무슨 얘기인지 어리둥절하고 있는 순간을 나는 목격했다. 떡 파는 아주머니에게 자격증이 있느냐고 묻다니? 이 분은 바보이거나 확실히 이상한 분이라는 생각이 스쳐갔다. 또 한편으로 서독에서 니체 철학으로 박사학위를 받고 오셨으니(그 당시에는 독일에서 니체로 철학박사를 받고 오신 분이 국내에 흔하지 않았다.) 그분의 연구실은 많은 책이 쌓여 있을 것이라고 생각했지만 연구실의 모습은 정반대였다. 그의 연구실에는 새로 배정받은 연구실처럼 철재 캐비닛에 책상과 의자, 책꽂이가 전부였고 단한권의 책도 없었다.

그 교수님의 아버지가 돌아가셨을 때 그분은 학과에 연락을 하지 않으셨고 학교에서는 그 교수님이 부친상을 당했는지도 모르고 있었다. 그러나 우연히 이런 사정을 알고 그 분이 재직했던 단과대학의 학장님과 철학과 교수님들이 문상을 갔는데 왜 왔느냐고 화를 내서 무안했노라고 문상을 다녀온 교수님은 그때의 기억을 전한 적이 있다. 난 10여 년 동안 그분과 우연히 마주치면 목례를 하는 정도였지 살갑게 인사를 하거나 대화를 나눈 적이 한 번도 없었다.

그러나 나는 그분의 특이함에 늘 여운이 남아서『차라투스트라는 이렇게 말했다』라는 책을 구입해서 틈틈이 읽었지만 산문인지 시인지 구분할 수 없었고, 내용도 잘 이해가 되지 않았다. 지금도 대학생들이 읽어야할 서양고전의 필독서로 대부분의 대학들이 선정해 놓고 있지만 학생들이 읽고 잘 이해할 수 있는지 내 경험에 비추어볼 때 의아스럽다. 그 후 대학원에 다니면서 이 책을 읽지 않으면 안 되었기에 몇 번이고 읽기를 시도해 보았지만 어렵기는 마찬가지였다. 그러나 세월이 지나면서 니체의 전복적 사고방식은 차츰 매력으로 다가 오기 시작했고, 그의 책들은 늘 내 책장의 가까운 곳에 위치해 있었다. 어느 날 서점에서 우연히 만난 빨간 표지의 『차라투스트라는 이렇게 말했다』(*Also sprach Zarathustra*)라는 책이 눈에 띄었는데 이 책의 번역자가 바로 이분(전 충북대 철학과 정동호 교수)이었다. 반가운 생각에 그 책을 사들고 옆에 둔지 벌써 15년이 흘러가고 있다. 아직도 이 책의 구석구석은 많은 사유를 필요로 하지만, 이해되는 많은 부분은 이 책이 출판되지 100여년이 지난 지금에도 유효하고 타당하다고 생각된다.

이 책이 니체 철학의 진면목을 보여주듯 수많은 인물, 비유와 상징, 패러디들이 독자들의 상상력을 자극하고 어리둥절하게 만든다. 어린아이, 숲 속의 성자, 줄 타는 광대, 배후 세계론자, 왕, 예언가, 마술사와 같은 인물. 낙타, 사자, 독수리와 뱀, 타란툴라, 거머리, 비둘기와 같은 동물. 무화과나무, 사과나무와 같은 식물. 달, 태양, 무지개, 사막과 같은 자연. 해뜨기 전, 오전, 정오, 오후, 밤과 같은 시점. 신약성서 및 철학적 종교적 문화적 자명성 일체에 대한 패러디. 이러한 상상적 유희를 펼치는 니체를 따라가기도 버겁지만 그 후유증은 오히려 신선한 충격이라 할 수 있다.

니체는 『차라투스트라는 이렇게 말했다』를 쓰고 나서 '이 책보다 더 위대한 책은 없다'라는 자부심을 느끼면서 자신의 철학이 이해되기 위해서는 100년 쯤 시간이 지나야 될 것이라고 언급했다. 자신의 철학이 당대의 철학이 아니라 미래의 철학이라는 것이다. 그래서인지 당대에는 도무지 이해되지 않는 책으로 여겨졌지만 몇몇 사람들에게는 혁신적인 철학책으로 인식되었다. 이것은 서구 이천년 동안 확실하다고 여겨져 왔던 온갖 종류의 교양, 철학적 자명성들이 파괴된다. 특히 플라톤 철학의 자명성, 그리스도교의 도덕을 니체는 부숴버리고 만다. 이러한 파괴 밑면에는 선이 악보다 우위에 있다는 서구의 일상적 도덕개념을 그는 파괴하는 것이다. 그리스도교 도덕에 대한 신랄한 비판을 위해 니체는 의도적으로 신약성서, 예수에 대한 패러디를 사용한다.

"패러디를 통해 정신의 새로운 이상과 진지함이 시작될 것"이라고 니체가 언급하고 있는데 이것은 패러디를 웃자고 사용하는 것이 아니라 진지한 사유실험의 한 양태라고 보는 것이다. 이러한 패러디의 사용은 이제까지 믿어 왔던 가치체계의 전복을 위하여 아주 유용한 기법이라 할 수 있다. 미국의 유명한 포스모더니즘 이론가인 린다 허치언도 패러디는 비판성과 창조성이 있어야 한다고 강조하고 있다. 비판을 한다는 것은 기존의 신념이나 가치체계를 부정하는 하는 것이다. 기존의 것을 부정하여 새로움을 창조해내는 기법이라 할 수 있다. 니체는 일찍이 신이 있느냐 없느냐를 떠나서 선의 세계, 신의 세계를 설정하고 그것에 의존해 왔던 인간들을 질타하면서 스스로의 운명을 개척하는 존재로 탈바꿈해야 한다고 『차라투스트라는 이렇게 말했다』에서 기존의 형이상학적 틀을 전복시키고 있는 셈이다.

『차라투스트라는 이렇게 말했다』의 핵심 개념을 거칠게 말한다면 신의 죽음, 힘의 의지, 허무주의, 영원회귀, 위버멘쉬로 구분해 볼 수 있지 않을까 싶다. 위버멘쉬의 뜻은 자기 자신을 넘어서 가다의 뜻이다. 즉 자기 자신을 늘 극복한다는 뜻이다. 자기 자신의 현 상태를 넘어서서 자기 자신을 극복하는 존재라는 의미다. 그래서 요즘 '초인'이라고 번역하지 않는다. 니체는 영원회귀를 통해서야 비로소 힘의 의지, 허무주의, 신의 죽음이 하나로 얽혀 거대한 시스템을 형성할 수 있기 때문에 사유의 핵심을 영원회귀라고 생각했다. 영원회귀를 통해서야 긍정의 철학이 가능하고, 인간의 건강성이 어떻게 확보되는지를 보여주려고 했으니 영원회귀야말로 사유중의 사유라 할 수 있다. 힘에의 의지에 의한 생성과 변화의 세계는 영원히 반복된다. 니체에겐 의미 없는 삶의 순간이란 없으며 모든 순간이 의미 있고 가치 있는 순간인 것이다. 위험한 허무주의를 극복하기 위해서는 용기와 결단이 필요하다.

니체의 퍼소나인 차라투스트라의 의도는 인간을 허무적 상황에 빠지게 하려는 것이 아니라 그것을 극복하는 방법을 찾게 해주려고 한다. 그것이 영원회귀 사유다. 이것과 함께 인간은 단순한 존재가 아니라 늘 무엇을 창조할 수 있는 창조자가 되어야 한다는 사유가 나오게 된다. 그래서 차라투스트라는 산에서 인간세상으로 내려오게 된다. 우리가 살고 있는 세상은 생성의 세계이고 우리 자신도 세계의 일원이다. 그런데도 우리는 이데아를 설정하고, 천상의 세계를 상정하고, 육체에 비해 영혼을 중시하면서, 우리가 발 붙이고 살고 있는 현 세계를 부정하고 있는 것이다. 이것은 니체가 보기에 병든 자의 심리학에 불과하다는 것이다. 건강한 사람은 내가 살아가는 이 땅, 이 모습, 내 자신을 긍정할 수 있어야 한다는 것이다. 이것이 차라투스트라의 생각이다. 이제 차라투스트라의 이야기는 시작될 것이며 읽는 사람마다 스스로 그 의미를 캐내야 할 것이다.

니체는 『차라투스트라는 이렇게 말했다』에 무한한 상징과 비유를 통해 수많은 광물을 커다란 산맥에 묻어 놓았다. 부지런한 광부는 석탄만이 아니라 다양한 종류의 광맥을 발견할 수 있으리라 생각된다. 니체와의 만남은 떡 파는 증명서가 있느냐고 물어 보았던 교수님을 통해서였지만 아직도 지속되고 있다.

지은이 김상구는 충북대학교 영어영문학과를 졸업, 동대학원에서 석사학위, 단국대학교 대학원에서 박사학위를 받았다. 1995년부터 청운대학교 인문사회과학대학 영어과에 재직하면서 학부와 대학원에서 영문학개론, 영미소설, 문학과 영상, 오페라 등 문학, 예술 관련 과목들을 강의하고 있다. 청운대학교 인문사회과학대학장을 역임했으며, 현재 현대 영어영문학회 부회장을 맡고 있기도 하다.

주로 블라디미르 나보코프를 주 전공으로 하여 연구하고 가르쳤으며, 나보코프 관련 논문 여러 편과, 그 외에 제임스 조이스, 존 파울즈, 자크 라캉 등의 소설 이론과 비평에 관련한 여러 편의 논문을 발표하였다. 특히 나보코프 소설 비평서인 『신 없는 세계의 글쓰기』(동인, 2002)는 문화관광부 추천 우수 학술도서로 선정되기도 했다.

또한 2012년부터 ≪홍주신문≫에 문학, 철학, 사회학을 아우르는 듬쑥한 칼럼을 기고해 오고 있다.

환상과 유토피아

초판 발행일 2015년 2월 13일

지은이 김상구
발행인 이성모
발행처 도서출판 동인
주 소 서울시 종로구 명륜2가 237 아남주상복합아파트 118호
등 록 제1-1599호
TEL (02) 765-7145 / FAX (02) 765-7165
E-mail dongin60@chol.com
ISBN 978-89-5506-647-0
정가 13,000원